Mahmoud A. Sabry

Mudar a mentalidade dos litigantes: Utilização de ADR nos EUA e no Egipto

Mahmoud A. Sabry

Mudar a mentalidade dos litigantes: Utilização de ADR nos EUA e no Egipto

Imprint

Any brand names and product names mentioned in this book are subject to trademark, brand or patent protection and are trademarks or registered trademarks of their respective holders. The use of brand names, product names, common names, trade names, product descriptions etc. even without a particular marking in this work is in no way to be construed to mean that such names may be regarded as unrestricted in respect of trademark and brand protection legislation and could thus be used by anyone.

Cover image: www.ingimage.com

This book is a translation from the original published under ISBN 978-620-2-07471-1.

Publisher:
Sciencia Scripts
is a trademark of
Dodo Books Indian Ocean Ltd. and OmniScriptum S.R.L publishing group

120 High Road, East Finchley, London, N2 9ED, United Kingdom
Str. Armeneasca 28/1, office 1, Chisinau MD-2012, Republic of Moldova, Europe
Printed at: see last page
ISBN: 978-620-7-89355-3

Conteúdo

Resumo

O recurso à resolução alternativa de litígios entre as partes em litígio está a aumentar a nível mundial. A resolução alternativa de litígios ("RAL") é considerada um instrumento eficaz para a resolução de litígios em certos litígios. No entanto, o litígio continua a ser o método preferido de resolução de litígios, o que suscita preocupações quanto à utilização dos ADR no futuro. Estará este tipo de prática relacionado com a mentalidade dos litigantes que aderem a modos ultrapassados de resolução de litígios ou que não estão familiarizados com outras formas de resolução de conflitos? Ou será apenas uma questão de costume e tradição? Ou, indiscutivelmente, é uma questão de preferência? Estas são questões desafiantes para as quais este livro fornece algumas ideias úteis.

Este livro tem por objetivo avaliar, em geral, as vantagens que as partes obtêm dos ADR em relação aos litígios. Para o efeito, compara as práticas de ADR em dois países diferentes. Ao comparar a prática americana dos ADR como modelo de sucesso com a prática egípcia, em que os ADR não são favorecidos, o livro interroga-se sobre a duração desta preferência no Egipto.

Guiado pela abordagem dos EUA, este livro propõe ideias práticas para encorajar a utilização dos ADR no Egipto. Sugere alguns programas de ADR - semelhantes aos dos tribunais distritais federais dos EUA - que podem ser adequados ao sistema judicial egípcio. Mais importante ainda, este livro fornece informações úteis para os decisores políticos e planeadores de programas sobre como introduzir estes programas de ADR nos tribunais egípcios.

Introdução

Porque é que as partes em litígio preferem litigar perante os tribunais locais em vez de utilizarem outros instrumentos disponíveis e mais avançados, como os modos alternativos de resolução de litígios (ADR)? Esta é uma pergunta difícil. Há respostas possíveis a esta pergunta que podem variar de uma parte para outra, por exemplo, porque: (1) este é o fórum tradicional em que as pessoas estão habituadas a resolver os seus litígios; (2) é um mecanismo judicial simples, formal e fiável para a resolução de litígios, regido por regras claramente definidas, acessível ao público e que pode ser facilmente utilizado por todos; ou, mais importante, (3) pode resultar em decisões judiciais executórias que são vinculativas para todos na sociedade.

De facto, todas as respostas anteriores são justificações válidas. Mas embora os ADR sejam um método eficaz e bem conhecido de resolução de litígios, não funcionam da mesma forma que os litígios. Por conseguinte, a pergunta anterior continua a necessitar de uma resposta válida.

Nos Estados Unidos, a maior parte dos litígios jurídicos são resolvidos através de ADR. No entanto, no Egipto, as pessoas estão habituadas à forma tradicional de resolver os litígios através da apresentação de uma ação judicial nos tribunais locais. É altura de perguntar se esta tendência deve continuar. Através de uma abordagem comparativa, este livro destaca as diferentes práticas destes dois países, uma vez que ambos aprovaram a utilização dos ADR nos seus sistemas jurídicos. O livro também oferece sugestões práticas para a implementação de um programa de ADR bem sucedido - especialmente a mediação - no Egipto, à semelhança dos programas em uso nos Estados Unidos. O livro está dividido em três partes principais.

A Parte I analisa o valor do litígio e dos ADR como formas de resolução de litígios. Descreve as vantagens e os inconvenientes de cada forma para as partes envolvidas e para o sistema jurídico no seu conjunto. A Parte I discute as situações em que os ADR podem ser utilizados, bem como a melhor forma e o melhor momento para os encaminhar.

A Parte II centra-se na abordagem dos Estados Unidos como modelo de sucesso para a utilização dos ADR. Explica sucintamente os vários programas de ADR utilizados nos tribunais distritais federais dos Estados Unidos, com ênfase na mediação.

A Parte III aborda a resolução de litígios no Egipto, analisando a prática habitual e as formas de ADR à disposição das partes. O objetivo é compreender por que razão as pessoas no Egipto têm menos confiança nos ADR do que nos litígios. A Parte III apresenta algumas recomendações sobre a forma de promover a utilização dos ADR no Egipto e de sensibilizar o público para os ADR como meios fiáveis de resolução de litígios. Identificando as necessidades do sistema judicial egípcio e os objectivos da aplicação dos ADR nesse sistema, é possível criar um modelo ideal de ADR e introduzi-lo eficazmente no sistema judicial do Egipto. Três programas diferentes de ADR utilizados nos Estados Unidos são apresentados para aplicação no Egipto. Finalmente, é feita uma breve discussão sobre os benefícios de cada programa para o Egipto, com ênfase nos litígios mais adequados para cada programa.

Capítulo 1. Avaliação do valor do litígio face à resolução alternativa de litígios

Tradicionalmente, o recurso aos tribunais locais para a resolução de litígios é o procedimento comum para as partes em litígio em várias jurisdições. Coloca-se aqui uma questão importante sobre os motivos das partes para escolherem o litígio como meio principal, se não exclusivo, de resolução de litígios: se as partes o fazem voluntariamente ou devido a uma mentalidade que as leva automaticamente a recorrer aos tribunais para resolverem os seus litígios. Esta é uma questão importante.

Se partirmos do princípio de que as partes escolhem voluntariamente o processo judicial como meio de resolução dos conflitos, isto poderá significar que acreditam que o processo judicial lhes traz vantagens que não estão disponíveis noutros meios. No entanto, se este é um padrão que as partes seguem sem sequer considerarem os ADR, então o seu pensamento tem de ser ajustado para melhor servir os seus interesses.

Para resolver esta questão, é necessário determinar os benefícios que as partes obtêm com a utilização de cada um destes métodos de resolução de litígios. Em seguida, é necessário saber como determinar se se deve ou não recorrer aos ADR, bem como o método e o momento em que se deve recorrer aos ADR.

A. Os litigantes beneficiam realmente com o litígio?

Tradicionalmente, o litígio tem sido o meio comum de resolução de litígios na maioria das sociedades. Basicamente, "litígio" pode ser definido como o recurso aos tribunais enquanto órgão jurídico formal no país, autorizado por lei a analisar vários litígios entre as partes para emitir decisões vinculativas sobre o assunto. Na maioria dos sistemas jurídicos, o direito de litigar em tribunal está disponível para todos os cidadãos como parte dos principais direitos constitucionais, independentemente da origem social de cada cidadão ou do tipo de litígio em questão.

Na minha opinião, existem alguns benefícios importantes do litígio para as partes litigantes que não podem ser contestados. Em primeiro lugar, no que diz respeito à equidade, os litígios em tribunal servem teoricamente os princípios da equidade e podem ser considerados um instrumento justo de resolução de litígios. A razão subjacente a este pressuposto reside na ideia de que os juízes não são escolhidos pelos litigantes e, por conseguinte, são neutros e independentes em relação a cada uma das partes em litígio e podem emitir decisões objectivas.

Outra vantagem do contencioso é o seu carácter vinculativo para as partes, dado que é emitido pelo poder judicial do Estado. O resultado do processo litigioso, ou seja, a decisão judicial, é sempre vinculativo para ambas as partes, sendo apenas suscetível de revisão pelos tribunais superiores, de acordo com as regras de recurso específicas aplicáveis em cada país. De facto, esta vantagem não é menos importante do que a anterior e, no seu conjunto, constituem as principais vantagens do contencioso.

As pessoas podem ter outros factores de motivação para intentar uma ação judicial com base nas suas próprias perspectivas. Por exemplo, à partida, geralmente cada parte, ao decidir recorrer aos tribunais, acredita que a sua reivindicação tem mérito e procura uma decisão judicial favorável a ser proferida em tempo útil. Assim, com base nesse pressuposto, nenhuma das partes hesita em intentar uma ação nos tribunais locais contra a outra parte quando surge um litígio.

Além disso, no início do processo, a maior parte das partes parte do princípio de que a execução de uma decisão vinculativa, proferida pelo tribunal contra a parte vencida, será fácil, e não querem preocupar-se, pelo menos nesta fase, com eventuais dificuldades de execução.

De qualquer modo, quaisquer que sejam os benefícios que as partes presumem obter de um litígio, verifica-se que a maior parte destes benefícios não existe necessariamente na realidade, pelas razões que se seguem:

1. O litígio é um processo com um **elevado grau de imprevisibilidade**. Não existe qualquer garantia de que a parte vencedora seja a mesma.

2. Os litígios em tribunal são dispendiosos **e demorados** para ambas as partes.

3. A prática tem demonstrado que, por vezes, existem **dificuldades**

na execução das decisões judiciais, apesar do seu carácter vinculativo. Tal pode dever-se à relutância da parte vencida em aceitar a execução por não estar satisfeita com a decisão ou sentença do tribunal.

Estas três questões podem ser consideradas os principais inconvenientes do litígio. Dito isto, embora a maioria dos litigantes esteja completamente consciente destas desvantagens no momento de iniciar os procedimentos de litígio, continua a escolher o litígio para resolver os seus litígios. Este facto realça a necessidade de mudar o comportamento das partes em litígio no que diz respeito a este autor.

B. Quais são as vantagens da resolução alternativa de litígios?

O movimento ADR tem vindo a crescer nos últimos anos, oferecendo novas formas de resolução de litígios que não suscitam as mesmas críticas atribuídas ao contencioso.

De um modo geral, os ADR são definidos como o processo de resolução de litígios fora das salas de audiências. A maior parte dos tipos de ADR, com exceção da arbitragem, podem ser caracterizados como processos não-adjudicatórios que resolvem os litígios entre as partes através de acordos mútuos, sem atribuir a terceiros o poder de decisão. Este facto permite que as partes participem mais no processo, melhorando assim as relações entre elas. [1] Na Parte II, infra, são abordados os diferentes tipos e definições de ADR.

A principal diferença processual entre os litígios e os ADR pode ser resumida da seguinte forma. Enquanto o contencioso coloca a tónica na burocracia e nos procedimentos legais como mecanismo para alcançar a justiça, os ADR centram-se mais na resolução dos problemas e nos interesses das partes. Tal como acima referido, em teoria, o litígio pode servir melhor os objectivos de equidade. No entanto, na perspetiva das partes, dos advogados e do próprio tribunal, é preferível uma forma de justiça mais personalizada e prática.[2]

---

[1] *Ver* Jay E. Grenig, Alternative Dispute Resolution, Vol. 1 (4ª ed. 2016), em 3 [doravante Grenig Vol. 1].

[2] *Ver IIon.* Morton Denlow, *Justice Should Emphasize People, Not Paper,* at 2, 3 (originalmente

Por outras palavras, os programas de ADR melhorariam a qualidade da justiça, permitindo a interação entre as partes e os seus advogados e favorecendo a resolução rápida dos litígios. A este respeito, a participação das partes no processo permite-lhes controlar os seus próprios destinos e chegar aos seus próprios resultados. Este facto aumenta a probabilidade de aplicação voluntária do resultado, mais do que uma sentença escrita.[3]

Os ADR apresentam uma série de vantagens:[4]

1) Poupança de tempo e dinheiro para as partes.

2) Privacidade: uma vez que os ADR são um processo confidencial, as partes controlam-no do princípio ao fim.

3) Preservação da relação entre as partes: uma vez que os ADR podem conduzir a acordos mutuamente vantajosos para as partes, em vez de decisões judiciais que implicam a perda de uma das partes.

4) Conhecimentos especializados: se necessário, as partes podem selecionar o mediador ou árbitro adequado, que é um perito no domínio do litígio.[5]

5) Eficiência: uma vez que os ADR se centram na obtenção de um acordo entre as partes em litígio através de negociações facilitadas.

6) Melhor resultado: Os ADR permitem soluções criativas que não podem ser propostas nos tribunais.

7) Poupança de recursos judiciais: uma vez que os juízes de julgamento não estão principalmente envolvidos no processo, o seu tempo pode ser utilizado noutros casos mais importantes ou não resolvidos.

8) Melhorar a gestão dos processos: a maior parte dos memorandos e argumentos apresentados durante o processo de ADR ajudam as partes a identificar as suas questões jurídicas e os seus direitos, o que, por sua vez, ajudará os tribunais se as partes acabarem por ir a julgamento.

---

publicado em 83 Judicature 50 (Sept.-Oct. 1999)) [doravante Denlow].

[3] *Id.*

[4] Robert J. Niemic, Mediation & Conference Programs in the Federal Courts of Appeals: A Sourcebook for Judges and Lawyers (2d ed. Federal Judicial Center 2006).

[5] Grenig, nota 1 *supra, p.* 4.

Por outro lado, alguns factores podem desencorajar as partes de optarem pelos ADR: a falta de familiaridade com os ADR; a desconfiança entre as partes ou os seus advogados e o receio de parecerem fracos aos olhos da outra parte;[6] e, sobretudo, a natureza não vinculativa do processo de ADR.

C. Determinar se, como e quando utilizar a resolução alternativa de litígios (RAL)

1. Determinar se deve ou não utilizar ADR

Para utilizar os ADR de forma eficaz, é necessário determinar, antes de mais, se o recurso aos ADR é benéfico para as partes. A utilização dos ADR não é eficaz em todas as situações. Nalguns casos, o litígio pode ser mais adequado. Por exemplo, os ADR não são eficazes quando existe um desequilíbrio significativo entre as capacidades de negociação e de negociação das partes, o que influenciaria injustamente o resultado. Do mesmo modo, nos casos em que uma parte tem interesse em atrasar a resolução do litígio (por exemplo, porque é uma parte interessada e tem o direito de utilizar o montante em litígio), a parte pode não querer recorrer aos ADR para manter o *status quo*. Além disso, se houver várias partes ou terceiros envolvidos no litígio, poderá ser mais fácil e mais adequado litigar em vez de recorrer aos ADR para que todas as partes fiquem vinculadas ao resultado. Os casos em que existem questões jurídicas importantes nem sempre são ideais para os ADR, uma vez que exigem a intervenção de um juiz experiente.[7]

Em todos os outros casos, as partes devem ser encorajadas a recorrer aos ADR em qualquer fase do litígio. Na Parte III.D, abaixo, discutimos os tipos de litígios que são melhor encaminhados para tipos específicos de ADR.

2. Determinar como e quando utilizar os ADR

a. Referências obrigatórias e voluntárias

A questão que se coloca em seguida é a de saber como será afetado o recurso aos ADR e se este deverá ser obrigatório para as partes ou voluntário. O recurso obrigatório significa que as partes são

---

[6] *Ver* Robert J. Niemic, Donna Stienstra & Randall E. Ravitz, Guide to Judicial Management of Cases in ADR 50 (Federal Judicial Center 2001) [doravante ADR Guide].

[7] Grenig Vol. 1, nota 1 *supra, p.* 5, 6.

obrigadas a submeter o seu litígio aos ADR, quer por força de uma decisão judicial, de uma disposição legal ou de uma regra local. Em contrapartida, o recurso voluntário significa que as partes só podem recorrer aos ADR com o seu consentimento.[8]

Nos Estados Unidos, a lei federal sobre a resolução alternativa de litígios de 1998, 28 U.S.C. § 651, dá instruções a todos os tribunais distritais para que, através de regras locais, exijam que os litigantes em todos os processos civis considerem a utilização de ADR numa fase adequada do litígio. A este respeito, as regras locais de muitos tribunais distritais dos EUA autorizam os juízes individuais a permitir o recurso aos ADR, caso a caso, a pedido de qualquer das partes. No entanto, alguns juízes obrigam a recorrer automaticamente aos ADR em determinados tipos de processos e outros exigem o consentimento de todas as partes.[9]

De facto, não existe um consenso entre os juízes dos Estados Unidos sobre a forma definitiva de encaminhar os litígios para os ADR. Enquanto alguns juízes americanos consideram que devem ordenar e encorajar livremente o recurso aos ADR entre as partes, outros consideram que apenas devem dar a conhecer às partes as suas opções em matéria de ADR e deixar que sejam elas a decidir o seu próprio destino. Por outro lado, alguns juízes mostraram-se preocupados com o facto de, ao decidirem sobre a questão, poderem prejudicar o direito constitucional das partes ao litígio. No entanto, na opinião de alguns juízes, o encargo financeiro que recai sobre as partes para pagar os honorários dos mediadores é também um fator a considerar.[10]

Independentemente da forma de recurso aos ADR e dos argumentos invocados, o resultado do processo é sempre não vinculativo para as partes. Em todos os programas de ADR aplicáveis nos tribunais federais dos Estados Unidos, ambas as partes não são obrigadas a aceitar um acordo, mesmo que tenham consentido no encaminhamento para os ADR. Assim, de facto, existe uma distinção entre obrigar a utilizar os ADR e obrigar as partes a aceitar um acordo de ADR.[11]

---

[8] Guia dos ADR, nota 6 *supra*, p. 9.
[9] *Id.* em 48.
[10] *Id.* em 51.
[11] *Id.* em 49.

No que diz respeito à eficácia do processo de ADR, é verdade que algumas partes que dão o seu consentimento ao encaminhamento para os ADR são mais susceptíveis de participar no processo de boa fé e estão dispostas a aceitar o resultado. Em contrapartida, outras partes podem dar o seu consentimento ao recurso aos ADR apenas para prolongar o processo ou como uma espécie de tática de defesa.[12]

Na minha opinião, deveria haver mais do que uma via para os ADR. Os juízes devem dispor de um grande poder discricionário, caso a caso, para decidir se encaminham um litígio ou uma questão específica para os ADR. No entanto, devem obter o consentimento das partes ou, pelo menos, de uma das partes, para proceder a esse encaminhamento. Este consentimento é importante para validar o processo e servir de escudo constitucional contra o risco de pôr em causa os direitos das partes a um processo judicial.

Além disso, a própria lei pode prever um determinado tipo de processo que, uma vez apresentado, será automaticamente remetido para os ADR sem necessidade de obter o consentimento das partes. Trata-se, evidentemente, de processos que, por natureza, têm grandes hipóteses de serem resolvidos através dos ADR - por exemplo, os processos de responsabilidade civil, os processos contratuais e de consumo e os processos de família.

b. Momento da consulta

É muito importante determinar o momento adequado para submeter um litígio aos ADR. Embora os ADR possam ser utilizados eficazmente em qualquer fase do litígio, são mais eficazes se forem utilizados numa fase inicial do litígio.[13]

A questão de saber se os ADR são melhores se utilizados numa fase inicial do litígio ou numa fase posterior tem sido muito debatida na prática dos tribunais federais dos Estados Unidos. Embora a maior parte dos tribunais prefira o encaminhamento tardio para os ADR, depois de alguma informação estar disponível através da "descoberta", alguns tribunais distritais autorizam o encaminhamento precoce. No entanto, em todos os tribunais, o momento do envio do processo pode variar em função do programa

---

[12] *Id.* em 52.
[13] Grenig Vol. 1, nota 1 *supra*, p. 6

de ADR selecionado pelo tribunal.[14]

De facto, considero que um encaminhamento precoce poderá poupar tempo e recursos ao longo do processo contencioso. No entanto, nos casos em que o juiz tem poder discricionário para encaminhar o litígio, o juiz deverá dispor de algumas informações sobre o litígio para poder decidir se as partes beneficiariam com os ADR. Além disso, cada parte poderá ter de determinar a sua própria posição para consentir no encaminhamento para os ADR em relação à posição da parte contrária e à informação divulgada. O juiz Alfred P. Murrah tem a mesma opinião, considerando que só depois de conhecer a posição da outra parte é que o advogado pode avaliar o caso e aconselhar o seu cliente quanto à resolução do litígio através dos ADR ou a outra solução, como o litígio.[15]

Assim, numa primeira fase, o juiz poderá permitir que as partes exponham brevemente os seus interesses e a base jurídica das suas pretensões através de uma espécie de declaração de abertura ou de argumentação oral. Em seguida, numa fase posterior, o juiz poderá considerar o recurso aos ADR com base nos memorandos das partes. Cada uma das partes poderá então decidir se aceita o recurso com base nas informações fornecidas.

---

[14] Guia dos ADR, nota 6 *supra*, p. 13, 14.

[15] *Ver* D. Marie Provine, Settlement Strategies for Federal District Judges (Federal Judicial Center 1986) (citando o Juiz Murrah, *Pre-Trial Procedure,* 328 The Annals 70, 74 (1960)) [doravante Provine, Settlement Strategies for Federal District Judges].

Capítulo 2. Programas de resolução alternativa de litígios nos tribunais distritais federais dos EUA

A Lei sobre a Resolução Alternativa de Litígios de 1998, 28 U.S.C. § 651, exige que cada tribunal distrital dos Estados Unidos desenvolva procedimentos para utilizar a resolução alternativa de litígios em todas as acções civis. A lei também exige que cada tribunal designe um funcionário competente para implementar o programa de ADR, que exija que os litigantes em todos os processos civis considerem a utilização de um processo de ADR e que ofereça aos litigantes uma escolha de processos de ADR. No âmbito dos ADR ligados ao tribunal, certos casos são remetidos para qualquer um destes programas por força de um estatuto, de uma ordem do tribunal ou de uma regra do tribunal.[16]

Existem vários programas de ADR utilizados nos Estados Unidos. No entanto, a lei de 1998 estabeleceu alguns processos de ADR não inclusivos que podem ser utilizados pelos tribunais. São eles a mediação, a avaliação neutra precoce, o minitribunal e a arbitragem. Este livro aborda as principais formas de ADR anexadas aos tribunais disponíveis no sistema judicial federal dos EUA: mediação, avaliação neutra precoce, julgamento sumário por júri e julgamento sumário por bancada, minitrial, conferências de resolução de litígios, semana de resolução de litígios, avaliação de casos e med-arb.[17] Alguns destes programas são semelhantes e muitos deles partilham alguns factores comuns, como será explicado.

A. Mediação

1. Visão geral

A mediação pode ser definida como o processo em que a assistência de um terceiro neutro, o "mediador", é necessária para facilitar a resolução de um litígio entre as partes. Pode ser caracterizada pelo papel significativo do mediador na assistência às partes nas suas negociações para chegarem voluntariamente a uma solução amigável para o seu litígio. Para o efeito, o mediador ajuda principalmente as partes a definir as suas questões, a ultrapassar os

---

[16] *Ver* Grenig Vol. 1, nota 1 *supra,* em 703.
[17] *Ver* Guia ADR, nota 6 *supra, p.* 8.

obstáculos à comunicação e a explorar diferentes métodos de resolução.[18]

O processo de mediação é voluntário. Qualquer das partes pode interromper o processo em qualquer altura. Além disso, tal como na maior parte dos ADR, o resultado do processo não é vinculativo para as partes e o mediador não tem autoridade para impor um acordo às partes. O mediador limita-se a ajudar as partes a identificar os seus interesses e posições, deixando-as controlar completamente o processo e chegar a um resultado por si próprias. A este respeito, ajuda as partes a compreender a diferença entre a melhor alternativa a um acordo negociado ("BATNA") e a pior alternativa a um acordo negociado ("WATNA").[19]

Existem dois tipos diferentes de mediação, com base no papel desempenhado pelo mediador. O primeiro é designado por *"mediação avaliativa"*, em que o mediador desempenha um papel mais importante no processo e apresenta os seus conselhos sobre a forma como o processo deve decorrer e como o litígio deve ser resolvido. Este papel baseia-se no pressuposto de que as partes requerem uma avaliação pelo mediador das suas posições e do resultado provável do litígio. Este tipo de mediação é eficaz quando o mediador tem experiência prévia nesse tipo de mediação ou tem conhecimentos suficientes sobre o litígio e a matéria em causa.[20]

O segundo tipo, a "mediação facilitadora", pressupõe um papel limitado para o mediador. O mediador limita-se a facilitar às partes a compreensão das questões subjacentes para as ajudar a chegar a um acordo por si próprias. O mediador não emite uma opinião sobre o mérito do litígio ou sobre o seu provável resultado. É necessário um mediador que seja apenas um perito em processos e não necessariamente um perito na matéria.[21]

Por vezes, os dois tipos de mediação podem ser utilizados em conjunto. Por exemplo, o mediador pode começar por desempenhar um papel de facilitador nas negociações. Se isso falhar, o papel do

---

[18] *Ver* Grenig Vol. 1, nota 1 *supra, p.* 37.

[19] *Id.*

[20] Grenig Vol. 1, nota 1 *supra, p.* 38.

[21] *Ver* Elizabeth Plapinger & Donna Stienstra, ADR and Settlement in the Federal District Courts: A sourcebook for judges & lawyers (Federal Judicial Center & CPR Institute for Dispute Resolution 1996), at 65 [hereinafter ADR Sourcebook].

mediador pode tornar-se mais avaliativo, oferecendo um determinado tipo de acordo.[22]

A mediação pode ser mais bem aplicada nos casos em que as partes têm uma relação contínua ou em que é necessária uma solução criativa para o litígio. Além disso, exige uma participação de boa fé e um interesse na resolução do litígio por parte de ambas as partes.[23] Caso contrário, é menos provável que as partes cheguem a um acordo. No entanto, tal como a maior parte dos ADR, a mediação é inadequada quando existe um desequilíbrio de poderes de negociação entre as partes.

2. Mediadores

Os mediadores eficazes devem possuir características importantes para o êxito de todo o processo. Embora possam ser necessárias algumas características adicionais e específicas para determinados casos complicados, eis as características gerais que todos os mediadores devem possuir.

Em primeiro lugar, o mediador deve ser um bom ouvinte. O mediador deve ouvir atentamente cada uma das partes e suscitar as suas emoções, a fim de identificar os seus interesses e a sua posição subjacente. A este respeito, deve praticar o que se designa por "escuta ativa". Isto acontece quando o mediador faz mais do que apenas ouvir as partes; ele ou ela também comunica, através de reconhecimentos verbais e não verbais, que a informação foi recebida. Outra caraterística de um mediador eficaz é ser paciente e capaz de lidar com pessoas difíceis de uma forma positiva. Em terceiro lugar, um mediador eficaz deve ser capaz de pôr de lado as posições tendenciosas das partes. Em quarto lugar, deve ser justo e imparcial ao lidar com as partes. Por último, e mais importante, deve manter-se otimista e concentrado, durante todo o processo de mediação, na obtenção de um acordo satisfatório para as partes.[24]

Quanto à seleção dos mediadores, é importante certificar-se de que o mediador selecionado possui as características acima referidas. Além disso, pode ser necessário um mediador diferente para cada tipo de mediação. Um mediador facilitador facilita a resolução do

---

[22] Grenig Vol. 1, nota 1 *supra, p.* 39.
[23] *Id.* em 76.
[24] *Ver* Grenig Vol. 1, nota 1 *supra, p.* 99, 100, 120.

litígio sem avaliar as propostas de resolução ou sugerir opções de resolução. A este respeito, não é necessária mais do que uma experiência geral de mediação. Por outro lado, um mediador de avaliação deve ser capaz de avaliar as opções de resolução de litígios e dar a sua opinião sobre a estratégia de resolução de litígios. Por conseguinte, o mediador deve ter conhecimentos especializados neste tipo de mediação e ter experiência suficiente no sector em causa.[25]

Os mediadores devem evitar conflitos de interesses. Para o efeito, os mediadores devem assegurar-se de que não têm relações prévias com qualquer das partes, seus advogados ou empregados, a menos que revelem essas relações. Os mediadores podem também ser solicitados a apresentar declarações escritas às partes para esse efeito.[26]

Para a prática de mediadores, existem "Normas de Conduta Modelo para Mediadores" que foram adoptadas pela Associação Americana de Arbitragem, pela Ordem dos Advogados Americana e pela Sociedade de Profissionais de Resolução de Litígios.[27] Estas normas-modelo abordam as mesmas preocupações acima referidas. Por exemplo, as Normas Modelo exigem que os mediadores sejam imparciais e não tenham conflitos de interesses. Exigem também que os mediadores sejam competentes, mantendo a confidencialidade e a qualidade. Por último, os mediadores devem reconhecer que o processo de mediação se baseia na autodeterminação das partes e que devem ser verdadeiros ao publicitar a mediação.

Nos Estados Unidos, pode haver um ou mais mediadores num processo, consoante a preferência das partes ou a ordem do tribunal. Os mediadores são pagos por hora ou por dia. Embora as partes partilhem habitualmente os honorários do mediador, existe um debate em curso nos Estados Unidos sobre o pagamento dos honorários dos ADR nos tribunais, em geral, nomeadamente nos casos de recurso obrigatório aos ADR.[28]

---

[25] *Id.* em 102.
[26] *Id.*
[27] *Ver* Jay E. Grenig, Alternative Dispute Resolution, Vol. 2 (4ª ed. 2016), em 47 [doravante Grenig Vol. 2].
[28] *Ver* Grenig Vol. 1, nota 1 *supra*, p. 99, 704.

3. Confidencialidade

A caraterística mais importante da mediação é a confidencialidade. Como já foi referido, um dos principais benefícios que as partes obtêm ao recorrerem à mediação é a privacidade do processo. Ao contrário do litígio, a mediação está sujeita a um nível significativo de privacidade dos seus procedimentos e das negociações das partes.

A confidencialidade é muito importante para o êxito da mediação e deve ser preservada durante todo o processo. Tal pode ser efectuado quer através de um acordo de confidencialidade assinado pelas partes, quer através de uma disposição legal. Nos Estados Unidos, por exemplo, até que sejam emitidas regras para o efeito, cada tribunal distrital federal é obrigado, por força da Lei sobre a resolução alternativa de litígios de 1998, a adotar regras que prevejam a confidencialidade dos processos de resolução alternativa de litígios e que proíbam a divulgação de comunicações confidenciais relativas à resolução de litígios.[29]

Dito isto, pode haver limites à confidencialidade do processo de mediação. Nalgumas áreas, a divulgação da comunicação da mediação é exigida por lei. Além disso, nos Estados Unidos, algumas jurisdições prevêem que, se o tribunal tiver de aprovar a transação, o acordo e qualquer transação podem passar a fazer parte dos registos do tribunal e, por conseguinte, estar disponíveis para o público. Além disso, quando uma entidade pública participa na mediação, a confidencialidade é limitada.[30]

4. Mediação em tribunal: Abordagem dos EUA

O conceito de mediação nos tribunais dos EUA teve início nos tribunais superiores do Distrito de Colúmbia (D.C.) há trinta anos, quando os juízes decidiram contratar advogados experientes para efetuar a mediação nos seus tribunais devido ao elevado número de processos em carteira. As sessões de mediação costumavam realizar-se no Tribunal de D.C. todas as sextas-feiras por um grupo de advogados voluntários que aceitavam fazer mediação pro bono. Mais tarde, o conceito de mediação foi alargado ao Tribunal Distrital

---

[29] 2 8 U.S.C. § 651. *Ver* Grenig Vol. 1, *supra* nota 1, em 90.

[30] *Id.* em 94, 95 (citando Nixon v. Warner Commc'ns, Inc., 435 U.S. 589 (1978); Enprotech Corp. v. Renda, 983 F.2d 17 (3d Cir. 1993)).

de D.C.. Atualmente, a mediação é considerada o programa básico de ADR no Tribunal de Comarca de D.C. e o programa mais frequentemente utilizado pela Divisão de Resolução de Litígios Multi-Door no Tribunal Superior de D.C. O programa de mediação é disponibilizado sem custos para o público, exceto no que se refere às despesas correntes.[31]

Em geral, a mediação tem sido a forma mais popular de resolução alternativa de litígios na prática dos tribunais federais dos EUA.[32] Isto é evidente nas estatísticas dos tribunais distritais federais dos EUA que estão a utilizar os ADR nas suas jurisdições. Por exemplo, 67% destes tribunais autorizaram a mediação como um dos métodos de ADR autorizados pelos tribunais. Enquanto 63 dos 94 tribunais distritais autorizaram a utilização da mediação juntamente com outras formas de ADR, 27 tribunais autorizaram apenas a utilização da mediação. No entanto, alguns destes últimos tribunais podem também incluir conferências de resolução de litígios e/ou autorização geral para os ADR nas suas regras de ADR.[33] Além disso, as estatísticas dos processos submetidos a ADR em 49 tribunais distritais federais durante o período de 1 de julho de 2010 a 30 de junho de 2011 indicam que 17 833 processos foram submetidos a mediação nestes tribunais, num total de 28 267 processos.[34]

Na maior parte das práticas de mediação dos tribunais dos EUA, o mediador desempenha um papel de facilitador entre as partes para as ajudar a encontrar uma solução mutuamente aceitável para o caso. No entanto, em alguns tribunais dos EUA, o mediador tem por vezes um papel adicional de avaliação, dependendo da necessidade do caso em questão.[35] Isto é feito através de reuniões separadas com as partes (estas reuniões são designadas por "caucuses") ou em conjunto. O objetivo destas reuniões é ajudar as partes a identificar os seus interesses subjacentes, melhorar a comunicação

---

[31] Reunião com o Exmo. Sr. Alan Kay (aposentado), Juiz Magistrado, Tribunal Distrital do Distrito de Colúmbia, e Amy Wind, Mediadora Principal do Circuito, Executivo do Circuito, Tribunal de Recurso dos EUA para o Distrito de Colúmbia, 2 de maio de 2017.

[32] *Ver* Grenig Vol. 1, *supra* nota 1, em 77 (citando Bennett, Potential Uses for Mediation in eDiscovery, Digital Discovery & e-Evidence, 27 de março de 2014; Hughes, The Uniform Mediation Act).

[33] *Ver* Grenig Vol. 2, nota 27 *supra*, em 389.

[34] *Id.* at 397 (referindo-se aos pedidos ao Gabinete Administrativo dos Tribunais dos EUA para financiamento suplementar do pessoal dos ADR).

[35] *Ver* ADR Sourcebook, *supra* nota 21, em 66.

e gerar opções de acordo. Estas sessões são informais e confidenciais e podem ocorrer em qualquer altura durante o litígio.[36] Este processo é flexível e o seu resultado continua a não ser vinculativo para as partes.

A forma e o momento do encaminhamento para a mediação nos tribunais distritais federais dos EUA variam. Na maioria dos tribunais, o encaminhamento é determinado caso a caso, de acordo com a análise do processo pelo juiz, normalmente em conjunto com as partes. No entanto, a maioria dos programas de mediação nos tribunais dos EUA autoriza o juiz a encaminhar o caso para mediação sem o consentimento das partes. Além disso, quase todos os tribunais excluem determinadas categorias de processos da mediação. Estas incluem recursos administrativos, casos de direitos civis de prisioneiros, casos pro se e writs.[37]

O mediador é normalmente um advogado aprovado pelo tribunal. No entanto, nalguns tribunais distritais, os juízes magistrados e, por vezes, os juízes distritais, têm formação em técnicas de mediação e podem, por isso, atuar como mediadores neutros. [38] As estatísticas dos prestadores de serviços de mediação nos tribunais distritais dos EUA indicam que 42 dos 63 tribunais que autorizam a mediação utilizam um painel de neutros que inclui mediadores. Enquanto 12 tribunais autorizam mediadores externos como neutros, apenas 4 tribunais autorizam a utilização de juízes e 9 tribunais autorizam funcionários judiciais para a mediação.[39]

Quanto aos honorários do mediador, na maioria dos programas de mediação dos tribunais federais dos EUA, as partes pagam ao mediador. No entanto, o advogado-mediador pode exercer a sua atividade sem qualquer compensação em alguns tribunais.[40] As estatísticas dos tribunais distritais dos EUA relativas ao pagamento de honorários de mediação revelam que, dos 63 tribunais que autorizam a mediação, apenas 6 tribunais oferecem mediação probono por advogados e 9 tribunais oferecem mediação gratuita por funcionários do tribunal. Os restantes tribunais exigem que as partes paguem ao mediador os honorários de mercado ou uma taxa fixada

---

[36] Guia dos ADR, nota 6 *supra, p.* 8.
[37] ADR Sourcebook, *supra* nota 21, em 66.
[38] *Id.* em 65, 66.
[39] *Ver* Grenig Vol. 2, *supra* nota 27, em 392.
[40] ADR Sourcebook, *supra* nota 21, em 66

pelo tribunal.[41]

Na preparação para a mediação, as partes são normalmente solicitadas a apresentar ao mediador memorandos escritos com as suas posições. As partes apresentam cópias dos documentos relevantes. Estes documentos não são incluídos nos ficheiros do tribunal e são devolvidos às partes no final da mediação. Além disso, podem ser partilhados entre as partes em algumas práticas judiciais.[42]

O mediador começa normalmente a sessão conjunta inicial da mediação explicando o processo de mediação, ouvindo uma breve apresentação do caso por cada uma das partes e fazendo perguntas para clarificar as posições. Nas sessões privadas com cada uma das partes, o mediador ouve os interesses de cada uma delas e gera ideias de acordo com elas. Também discute com cada uma das partes o risco de não se chegar a um acordo.[43]

No final da sessão de mediação, se se chegar a um acordo entre as partes, o mediador redige um acordo de transação. Se não houver acordo, o processo seguirá o seu curso normal até ao litígio.[44]

5. Aplicabilidade dos acordos de mediação nos Estados Unidos

Quando se chega a um acordo através do processo de resolução alternativa de litígios, deve ser redigido por escrito um acordo de mediação para o efeito. O acordo deve ser assinado por todas as partes e deve abranger todos os pontos relevantes. Por outras palavras, deve ser um acordo global e definitivo.

Os principais elementos a incluir no acordo de compensação incluem: o montante a pagar, a parte que pagará, o prazo e a forma de pagamento, questões de confidencialidade e outras acções a empreender pelas partes. Mais importante ainda, deve especificar um método de resolução de outros litígios entre as partes no que respeita ao objeto do acordo ou à sua execução.[45]

Nos Estados Unidos, as convenções de transação são formuladas e

---

[41] *Ver* Grenig Vol. 2, nota 27 *supra, p.* 393, 394.

[42] ADR Sourcebook, *supra* nota 21, em 66.

[43] Grenig Vol. 1, *supra* nota 1, em 77.

[44] ADR Sourcebook, *supra* nota 21, em 67.

[45] *Ver* Grenig Vol. 1, nota 1 *supra, p.* 124, 125.

interpretadas de acordo com o direito contratual local. Além disso, a mesma lei rege a sua aplicabilidade.[46] No entanto, algumas jurisdições estatais prevêem que o acordo só será executório se declarar expressamente que é vinculativo para as partes. Por exemplo, um estatuto do estado do Minnesota prevê que um acordo mediado não é vinculativo a menos que "contenha uma disposição que declare que é vinculativo".[47] Em qualquer caso, o acordo não será aplicado se faltar algum dos principais elementos do contrato, embora possa ainda estar sujeito às defesas contratuais normais. Os tribunais dos Estados Unidos raramente deixam de aplicar um acordo de compensação que inclua todos os elementos necessários como um contrato.[48]

É igualmente aconselhável emitir o acordo sob a forma de uma decisão de consentimento do tribunal. Neste caso, as partes não têm de recomeçar com um novo litígio. No entanto, a homologação do acordo continua a estar sujeita a um controlo judicial por parte do tribunal, caso a sua equidade, razoabilidade e adequação sejam questionáveis.[49]

B. Arbitragem

1. Visão geral

A arbitragem é o processo que consiste em submeter um litígio a uma terceira parte, ou partes, neutra(s), para que esta(s) decida(m) e emita(m) uma sentença final e vinculativa para as partes. O árbitro ouve as provas de cada parte e, em seguida, emite a sentença. A arbitragem é considerada um processo menos formal do que o litígio, mas ambos partilham a natureza vinculativa da decisão proferida. Além disso, na arbitragem, o árbitro não é obrigado a seguir a lei para proferir a sentença, exceto se for obrigado pelas partes. Pode emitir a sentença com base nos costumes, na prática ou em princípios gerais de equidade e justiça.[50]

---

[46] *Id.* at 126 (citando Laserage Tech. Corp. v. Laserage Labs., Inc., 972 F.2d 799, 802 (7th Cir. 1992)).

[47] Minn. Stat. § 572.35(1) (2016).

[48] *Ver* Grenig Vol. 1, nota 1 *supra, p.* 128, 129.

[49] *Id.* em 129.

[50] *Ver* Grenig Vol. 1, nota 1 *supra, p.* 43.

2. Arbitragem anexa ao tribunal nos Estados Unidos

Na arbitragem anexa ao tribunal nos Estados Unidos, o processo é idêntico ao da arbitragem normal, exceto que as decisões proferidas não são vinculativas para as partes. As partes têm o direito de aceitar a decisão proferida pelo árbitro, caso em que esta se torna a decisão final do tribunal, ou de a rejeitar e solicitar que o caso seja remetido para um processo judicial, ou o que se designa por "julgamento de novo".[51]

O encaminhamento para arbitragem é obrigatório, por uma lei federal ou regra judicial, ou voluntário, por consentimento das partes. A maioria dos programas federais de arbitragem nos Estados Unidos é autorizada por uma lei federal. Nestes programas de arbitragem de referência obrigatória, o estatuto prevê casos específicos elegíveis para referência, que incluem casos de contratos e delitos de um determinado valor em dólares. No entanto, na maioria destes programas, as partes continuam a poder encaminhar outros casos para arbitragem à sua escolha, com o consentimento do juiz.[52]

Os árbitros são advogados que reúnem as condições exigidas pelo tribunal. Nas arbitragens legais, são pagos pelo tribunal; no entanto, nas arbitragens voluntárias, exercem a sua atividade sem qualquer remuneração ou são pagos pelas partes.[53]

C. Avaliação neutra precoce

A avaliação neutra precoce ocorre no início do litígio e é efectuada por um avaliador neutro, normalmente um advogado experiente na matéria, contratado pelas partes ou nomeado pelo tribunal. Numa sessão confidencial com as partes e os seus advogados, o avaliador tenta avaliar a posição de cada uma das partes e simplificar os méritos do litígio, em preparação para um julgamento. No entanto, o processo pode também terminar num acordo entre as partes.[54]

Na avaliação neutra precoce, o objetivo do avaliador, que é um advogado voluntário com conhecimentos especializados na matéria,[55] é mais apontar as áreas de pontos fortes e fracos das

---

[51] *Ver* Guia ADR, nota 6 *supra, p.* 8.
[52] *Ver* ADR Sourcebook, *supra* nota 21, em 62.
[53] *Id.*
[54] *Ver* Grenig Vol. 1, nota 1 *supra, p.* 50.
[55] *Ver* Elizabeth Plapinger, Margaret L. Shaw & Donna Stienstra, Judge's Deskbook on Court ADR (National ADR Institute for Federal Judges, Harvard Law School, Nov. 1213, 1993), p. 14 [a

partes e simplificar o processo do que chegar a um acordo.[56] Com base neste entendimento, pode dizer-se que o processo de avaliação neutra precoce se assemelha bastante à mediação, mas diferem no que diz respeito ao foco principal e ao objetivo de cada processo.

D. Minitrial

Trata-se de um processo judicial em que cada uma das partes apresenta breves resumos da sua posição aos representantes da outra parte que têm autoridade para negociar, como os directores executivos. Estas sessões podem ser presididas por um juiz ou por qualquer outro terceiro que possa ser convidado a participar nas negociações, se as partes o solicitarem.[57] Nos casos em que há um terceiro neutro, os honorários são pagos pelas partes em partes iguais ou conforme acordado entre elas. As partes acordam por escrito que as apresentações e declarações efectuadas no âmbito deste processo permanecem confidenciais e não podem ser utilizadas como prova em qualquer outro processo.[58]

E. Julgamento sumário com júri e julgamento sumário em tribunal

O julgamento sumário por júri e o julgamento sumário por tribunal de júri são processos que ocorrem após o início do litígio. Nestes processos, o caso é discutido perante um juiz de instrução e também, no caso do julgamento sumário com júri, na presença de um júri simulado. As partes apresentam as alegações iniciais e finais do processo e, em seguida, o júri emite um veredito não vinculativo para as partes, que as pode ajudar a compreender melhor o seu caso e a chegar a um acordo.[59]

F. Semana da liquidação

Neste processo, mediadores voluntários conduzem sessões de mediação no tribunal para casos que estão prontos para serem submetidos a julgamento.[60]

---

seguir designado Judge's Deskbook on Court ADR].

[56] *Ver* Guia dos ADR, nota 6 *supra, p.* 8.

[57] *Id.* em 9.

[58] *Ver* Grenig Vol. 1, nota 1 *supra, p.* 49.

[59] *Ver* Grenig Vol. 1, *supra* nota 1, em 51, 52; ADR Guide, *supra* nota 6, em 8.

[60] *Ver* Guia ADR, nota 6 *supra, p.* 9.

G. Conferências de liquidação

As conferências de resolução de litígios são programas de ADR normalmente utilizados nos tribunais distritais federais dos EUA.[61] O objetivo de uma conferência de transação é fazer com que as partes acordem mutuamente os termos de um acordo de transação com o mínimo de assistência do juiz. O papel dos juízes nas conferências de transação varia. Alguns juízes podem fazer uma avaliação do valor do processo para as partes, enquanto outros se concentram em apontar os pontos fortes e fracos das posições das partes. O processo é presidido por um juiz de comarca ou por um juiz magistrado. Os juízes que acolhem estas conferências podem ser designados juízes de transação ou quaisquer outros juízes do tribunal - mas não os que estão a julgar o caso.[62] É importante notar que estes juízes anfitriões não fornecem qualquer tipo de resumos ou pareceres consultivos sobre o processo aos juízes do julgamento, se o processo for a julgamento.[63]

As conferências de transação são utilizadas de forma eficaz na maioria dos tribunais distritais federais dos EUA. Por exemplo, no Tribunal Distrital de Maryland dos EUA, quase todos os processos são remetidos aleatoriamente, de acordo com as regras do tribunal, dos juízes distritais para os juízes magistrados para a realização de conferências de transação. Nesse tribunal, a maioria dos processos remetidos para conferências de transação são resolvidos antes de irem a julgamento.[64]

As conferências de transação assumem geralmente uma de quatro formas diferentes: obrigatória, voluntária, moderada ou estruturada. Numa conferência de transação obrigatória, uma lei estatal ou uma regra do tribunal determina que as partes devem ser encaminhadas para uma conferência de transação antes de avançarem para o tribunal. Nas conferências voluntárias, o encaminhamento é efectuado por vontade das partes. Estas conferências são semelhantes à mediação, mas o principal objetivo é chegar a um acordo. Nas conferências voluntárias de resolução de litígios, o

---

[61] Judge's Deskbook on Court ADR, *supra* nota 55, em 25.
[62] *Ver* ADR Sourcebook, *supra* nota 21, em 65.
[63] Reunião com o Exmo. Sr. Timothy J. Sullivan, Juiz Magistrado dos Estados Unidos, no Tribunal Distrital de Maryland (17 de abril de 2017).
[64] *Id.*

mediador não desempenha apenas o papel de neutro entre as partes; o mediador pode fazer uma avaliação do valor do processo para as partes e sugerir um acordo. Nas conferências moderadas, o mediador desempenha o papel de neutral, o que facilita as negociações entre as partes. Por último, as conferências estruturadas são utilizadas para casos complexos em que é necessário um mediador experiente.[65]

H. Avaliação do caso ("Mediação do Michigan")

Baptizada com o nome da sua utilização pelos tribunais federais do Michigan, a "Mediação do Michigan" assemelha-se à arbitragem, na medida em que três advogados neutros ouvem as abreviaturas (ou resumos) do processo de cada parte e, em seguida, emitem uma avaliação escrita não vinculativa. As partes são livres de aceitar a avaliação como o valor da transação do caso, utilizá-la para futuras negociações ou avançar para julgamento.[66]

I. Med-Arb

"Med-arb" é um termo utilizado como abreviatura de mediação-arbitragem. Trata-se de um processo misto que começa como mediação e termina como arbitragem se a mediação não for bem sucedida. Começa por um processo de mediação conduzido por um terceiro neutro; se as partes chegarem a um impasse, passam à arbitragem, onde é emitida uma decisão arbitral vinculativa sobre o mérito.[67]

---

[65] *Ver* Grenig Vol. 1, *supra* nota 1, em 715-18.
[66] *Ver* Guia ADR, nota 6 *supra, p.* 9.
[67] *Ver* Grenig Vol. 1, nota 1 *supra, p.* 46.

Capítulo 3. Incentivar a prática dos ADR no Egipto: Estratégias possíveis

Antes de sugerir estratégias para incentivar a prática dos ADR no Egipto, é necessário compreender a prática atual no país. Em seguida, é fundamental identificar as formas alternativas de resolução de litígios já utilizadas no país. Por último, podem ser introduzidas formas de promover a utilização dos ADR no sistema e um modelo ideal de ADR.

A. Prática comum no Egipto

Normalmente, o litígio no Egipto tem sido a forma preferida de resolver a maior parte dos litígios individuais e multipartes. As partes têm sobrecarregado os tribunais locais no Egipto para resolverem os seus litígios. Este facto faz com que os juízes tenham de gerir uma grande quantidade de processos pesados e também prolonga o período de resolução dos litígios.

Nos últimos anos, alguns litigantes e empresas sentiram o impacto negativo dos litígios. Para proteger os seus interesses comerciais, estas partes começaram a remeter os seus litígios - especialmente os comerciais e empresariais - para a arbitragem privada. Desde a publicação do Código de Arbitragem Egípcio em 1994, a arbitragem tem sido considerada como um novo método de resolução de litígios em todos os litígios civis. Atualmente, é comum encontrar na maioria dos contratos civis uma cláusula de arbitragem que remete qualquer litígio relevante entre as partes para uma arbitragem ad-hoc ou institucional. No entanto, na prática, continuam a existir alguns obstáculos à execução das decisões arbitrais no Egipto.

Dito isto, o litígio continua a ser a primeira escolha para a resolução de litígios no Egipto. Mas de todos os processos ADR no Egipto, a arbitragem é o mais popular.[68] De facto, a crença na utilização exclusiva do litígio e da arbitragem para a resolução de litígios não é apenas partilhada pelas partes litigantes; os advogados partilham a mesma opinião. O recurso frequente ao contencioso e à arbitragem

---

[68] As estatísticas do Centro Regional do Cairo para a Arbitragem Comercial Internacional (CRCICA) indicam que o número total de processos de arbitragem apresentados ao CRCICA até 30 de junho de 2016 atingiu 1 109 processos. Para mais informações, *consultar o sítio* Web do CRCICA *disponível em* http://crcica.org/Arbitration_Statistics.aspx.

no Egipto reflecte-se nas práticas jurídicas da maioria dos advogados e das sociedades de advogados, que recorreram amplamente a estes dois métodos de resolução de litígios e criaram departamentos internos para cada processo. Infelizmente, a utilização de outras formas de ADR por estes serviços é rara. Este problema resulta da falta de familiaridade da sociedade egípcia com as outras formas de ADR, questão que será abordada na parte III.C, infra.

B. Formas de resolução alternativa de litígios disponíveis no Egipto

1. Arbitragem

No Egipto, a arbitragem é um mecanismo de prática privada. Não existe arbitragem pública oferecida pelo Estado ao público ou algo semelhante ao que é conhecido nos Estados Unidos como "arbitragem anexada ao tribunal". No entanto, o Ministério da Justiça do Egipto criou recentemente o "Departamento de Arbitragem" como parte do Ministério, com o objetivo de rever as cláusulas de arbitragem em todos os acordos e tratados assinados pelo governo. Além disso, o Departamento de Arbitragem é responsável pelo acompanhamento do reconhecimento e da execução das decisões arbitrais no Egipto.

A instituição de arbitragem privada mais famosa no Egipto é o Centro Regional do Cairo para a Arbitragem Comercial Internacional (CRCICA), uma organização internacional independente e sem fins lucrativos. O âmbito do serviço prestado pelo Centro inclui a administração de arbitragens nacionais e internacionais, bem como de técnicas de ADR sob os seus auspícios, para além da promoção da arbitragem e das técnicas de ADR na região afro-asiática. Foi recentemente criado um departamento de mediação no âmbito do Centro, mas ainda é cedo para avaliar o seu desempenho.[69]

2. Departamentos de preparação nos tribunais económicos

Em 2008, juízes e funcionários do Ministério da Justiça do Egipto apelaram à criação de tribunais económicos como parte do plano de especialização do sistema judicial iniciado em 1996, com a criação

---

[69] *Id.*

dos tribunais de menores. Os tribunais de família foram criados em 2004. A ideia era que o desempenho judicial seria melhorado através de uma melhor gestão dos processos e de um sistema judicial mais especializado. Como se pode deduzir do nome, o objetivo dos tribunais económicos é promover o desenvolvimento económico do país e incentivar os investimentos estrangeiros. Assim, promovem a celeridade da justiça nos litígios comerciais e económicos e reduzem os obstáculos burocráticos normais que impedem a celeridade dos litígios.

Conforme previsto no artigo (6) da lei de 2008 que cria os Tribunais Económicos, estes tribunais apreciam as causas cíveis abrangidas por um conjunto de treze leis. Trata-se de processos em que a natureza do litígio incide fundamentalmente sobre matérias societárias e financeiras, como o mercado de capitais, falências, agências comerciais, operações bancárias, transferências de tecnologia, proteção da economia nacional contra más práticas no comércio internacional, investimentos, hipotecas imobiliárias, locação financeira, seguros, propriedade intelectual, telecomunicações, antitrust e assinaturas electrónicas.[70]

Criados principalmente para fazer face ao ritmo acelerado do desenvolvimento judicial internacional, os Tribunais Económicos do Egipto têm estado na vanguarda da utilização de resolução alternativa de litígios para melhorar e modernizar a administração judicial. O artigo (8) da Lei de 2008 prevê a criação do chamado "Departamento de Preparação" dentro de cada Tribunal Económico, que é dirigido por um presidente do tribunal que trabalha num dos circuitos de recurso do tribunal e é assistido por um grupo de juízes especializados.[71]

A principal função destes departamentos de preparação é analisar cada processo para detetar os documentos em falta antes de o remeter para o tribunal. Além disso, realizam sessões de "audição" com as partes e, em seguida, preparam um memorando a apresentar ao tribunal no prazo de trinta dias a contar da data de apresentação do processo. O memorando deve descrever os pedidos das partes, apoiados pelo princípio jurídico, e determinar as questões acordadas entre elas e as que são objeto de litígio. Para o

---

[70] *Ver* Lei n.º 120 de 2008 (que cria os Tribunais Económicos), art. 6.
[71] *Id.* art. (8).

efeito, o Departamento pode solicitar a assistência de qualquer perito especializado no domínio do litígio.

Um papel importante destes serviços consiste em esforçar-se por mediar os litígios entre as partes e propor-lhes um acordo. Se se chegar a um acordo, o departamento elabora uma nota de acordo assinada por ambas as partes, apresentada ao tribunal e anexada à ata da audiência. O tribunal emite uma decisão para o efeito, em conformidade com as regras aplicáveis do Código de Processo Civil e Comercial.

A criação de departamentos de preparação nos tribunais económicos constituiu, sem dúvida, um passo positivo para a introdução dos ADR no sistema judicial egípcio. Na prática, porém, estes departamentos pouco contribuíram para uma aplicação efectiva dos ADR no Egipto, ficando aquém do que foi inicialmente previsto aquando da sua criação. Com efeito, a utilização dos departamentos de preparação nos tribunais económicos transformou-se numa formalidade jurídica pela qual as partes têm de passar para chegarem ao tribunal.

Desde a criação dos serviços de preparação, apenas um pequeno número de litígios foi retirado da adjudicação perante o tribunal em resultado de uma resolução antecipada concluída com êxito nesses serviços. Recentemente, a situação melhorou ligeiramente, embora o número de processos resolvidos ainda não seja significativo. As estatísticas anuais dos Departamentos de Preparação do Tribunal Económico do Cairo relativas ao final de 2015 e 2016 mostram que apenas 76 processos foram resolvidos em 2015 e 125 processos em 2016. As estatísticas mostram que a maioria destes processos estava relacionada com litígios bancários, representando um total de 80% dos processos resolvidos. Os restantes 20%, no entanto, representam uma variedade de casos.[72]

Mais frustrante, observou-se que alguns litigantes tendem a manipular o sistema saltando uma etapa formal. Em vez de apresentarem o caso inicialmente ao Tribunal Económico competente e terem de comparecer perante os serviços preparatórios, alguns litigantes apresentam o caso inicialmente a um tribunal de jurisdição normal. O seu principal objetivo é levar o

---

[72] Estatísticas do Departamento de Preparação do Tribunal Económico do Cairo.

processo diretamente ao juiz de direito do Tribunal Económico sem passar pela via exigida por lei, caso o processo tivesse sido inicialmente apresentado a esse tribunal. Uma vez apresentado o processo, o tribunal competente é obrigado por lei a remeter o processo diretamente para o Tribunal Económico adequado sem revisão pelo Departamento de Preparação.

Dito isto, o Ministério da Justiça egípcio está a envidar esforços no sentido de reforçar o papel dos departamentos de preparação no incentivo aos acordos pré-julgamento. De facto, essa medida é vital para diminuir o número de processos nas carteiras sobrecarregadas dos juízes e, consequentemente, para melhorar a qualidade das decisões judiciais e conservar os recursos judiciais.

3. Gabinetes de resolução de litígios em matéria de família

Uma das características significativas do sistema de Tribunal de Família do Egipto é a incorporação de "Gabinetes de Resolução de Litígios" no seu processo legal como um passo obrigatório antes de o processo ser remetido para o tribunal. Todos os processos de direito da família apresentados devem ser remetidos, por lei, para os "Gabinetes de Resolução de Litígios", que analisarão o caso numa tentativa de resolver o litígio. A ideia de criar estes gabinetes foi introduzida nos tribunais de família em 2010. Em termos técnicos, estes gabinetes funcionam como uma espécie de departamento interno de conciliação, para tentar chegar a um acordo entre as partes.

Os Departamentos de Resolução de Litígios dos Tribunais de Família são compostos por três funcionários, um dos quais é especialista em direito e os outros dois são especialistas em psicologia e ciências sociais. Estes funcionários concluem as sessões com as partes e apresentam relatórios ao tribunal. Se se chegar a um acordo, este é tão vinculativo e executório como uma decisão judicial. Caso contrário, o processo é remetido para um tribunal de primeira instância no prazo de uma semana.

4. Comité de Resolução de Litígios de Investimento

O Comité de Resolução de Litígios em matéria de Investimento foi criado em conformidade com a nova "Lei de Resolução de Litígios em matéria de Investimento" para resolver litígios em matéria de investimento entre a autoridade administrativa e os investidores. O comité é composto por cinco membros, três dos quais são juízes do Conselho de Estado. A decisão do comité é juridicamente vinculativa e executória para a autoridade administrativa, uma vez proferida, se for aprovada pelo investidor, sem prejuízo do seu direito de intentar outras acções judiciais. No entanto, neste último caso, o investidor deve renunciar ao seu direito de executar a decisão do comité.

5. Comités de Conciliação para a Resolução de Litígios Administrativos

Os comités de conciliação são comités de resolução de litígios administrados pelo Ministério da Justiça para a resolução de litígios administrativos entre o governo e os particulares. Estes comités são presididos pelo Ministro da Justiça e são constituídos por juízes reformados, bem como por um representante do organismo governamental relevante. A maior parte dos litígios analisados por estes comités são pedidos de indemnização por salários não pagos.

Os membros de cada comissão são responsáveis por realizar um trabalho de conciliação com as partes em conflito, conduzindo várias sessões para resolver e solucionar o litígio. O comité apresenta então uma resolução escrita, com o seu parecer, à entidade governamental em questão. O parecer do comité só é vinculativo para a entidade governamental se o montante do acordo não exceder o valor de 40 000 EGP. Caso contrário, é considerado um parecer consultivo e não vinculativo.

C. Como promover a utilização dos ADR no Egipto

Para mudar a mentalidade do público egípcio sobre a importância dos ADR como forma de resolução de litígios, devem ser tomadas algumas medidas vitais. Em primeiro lugar, o governo deve adotar uma estratégia eficaz para sensibilizar o público para a necessidade dos ADR. Em segundo lugar, devem ser introduzidas alterações pertinentes na legislação local. Em terceiro lugar, os tribunais locais dovom apoiar a utilização dos ADR, dando pleno efeito aos acordos de resolução de litígios resultantes dos ADR, exceto no que se refere a pequenas revisões jurídicas. Por último, o governo deve realçar o valor e a importância da lei egípcia sobre mediação que está prestes a ser publicada.

1. Aumentar a sensibilização do público para os ADR

Uma estratégia eficaz, destinada a sensibilizar o público para os ADR, é importante para promover o recurso aos ADR no Egipto. Esta estratégia deve ser direccionada tanto para o público em geral como para a comunidade jurídica. Um passo importante que pode ser dado pelo governo a este respeito consiste em educar o público sobre os benefícios da utilização dos ADR e em que medida serão afectados positivamente se passarem a recorrer aos ADR. A este respeito, seria importante salientar algumas vantagens fundamentais para os utilizadores dos ADR, tais como a privacidade, a obtenção de um melhor resultado e a poupança de tempo e dinheiro incorridos em litígios.

A informação do público sobre as vantagens dos ADR pode ser efectuada de várias formas. A utilização de materiais promocionais nos tribunais e nos meios de comunicação social é uma delas. O Departamento de Comunicação Social do Ministério da Justiça, recentemente criado, pode desempenhar um papel importante na realização deste objetivo. Os juízes também podem ajudar, informando os litigantes, nos processos que lhes são submetidos, do privilégio de recorrerem aos ADR em vez de recorrerem ao contencioso.

Esta estratégia deve dirigir-se igualmente aos advogados. O Governo, representado pelo Ministério da Justiça, pode organizar conferências regulares com os advogados e os profissionais do direito para os incitar a encorajar os seus clientes a recorrer aos ADR.

2. Introduzir alterações relevantes às leis locais

Para aumentar a utilização dos ADR no sistema judicial egípcio, recomenda-se a adoção de algumas alterações pertinentes à legislação local.

Em primeiro lugar, é importante alterar a Lei de Processo Civil e Comercial para incluir disposições que exijam que as partes recorram aos ADR como passo inicial antes do litígio em certos tipos de processos. Isto seria semelhante à prática dos Estados Unidos, como já foi referido, em que a Lei federal de Resolução de Litígios de 1998 exige que cada tribunal distrital federal desenvolva procedimentos para utilizar a resolução alternativa de litígios em todas as acções civis. Evidentemente, os casos sugeridos para a utilização dos ADR seriam aqueles em que existe uma elevada probabilidade de resolução, tais como os casos de responsabilidade civil, contratos, emprego, consumo, família e empresas.

Além disso, é importante alterar a lei relativa às taxas e encargos dos processos judiciais no Egipto, a fim de aumentar de forma razoável as taxas dos processos judiciais. Esta medida pode ajudar a limitar a utilização excessiva do processo contraditório e pode eliminar algumas práticas de má-fé dos litigantes. Assim, o recurso aos ADR será uma melhor opção para as partes.

Por último, podem ser introduzidas alterações à lei da advocacia para aumentar a utilização dos ADR. Por exemplo, a lei pode ser alterada para incluir um nível mínimo de utilização dos ADR nos requisitos de admissão à Ordem dos Advogados. Além disso, é possível prever alguns incentivos para que os advogados licenciados recorram mais aos ADR (por exemplo, reduzir os requisitos de admissão à prática nos tribunais de grande jurisdição para os advogados que participam frequentemente em ADR).

3. Aplicar os acordos de resolução de litígios ADR: Papel dos tribunais locais

Os tribunais locais do Egipto podem desempenhar um papel importante no apoio à utilização dos ADR no sistema jurídico. Como indicado acima, um dos principais factores de desencorajamento do recurso aos ADR é a sua natureza não vinculativa. As partes podem ter um receio legítimo de participar num processo que não conduza a um resultado vinculativo. A não execução de um acordo de ADR é considerada não só uma deceção para as partes, mas também uma perda de tempo e de dinheiro.

A este respeito, os tribunais locais devem ser a espinha dorsal da execução dos acordos de resolução de litígios assinados pelas partes no final do processo de ADR. Os tribunais devem reconhecer plenamente todos os acordos resultantes dos ADR, desde que satisfaçam os critérios de um contrato válido nos termos do direito civil egípcio aplicável. Ao resolver uma ação judicial que conteste a execução de tais acordos, o tribunal não deve reavaliar os méritos já abordados durante o processo de ADR.

No entanto, tal como acontece nos Estados Unidos, o tribunal pode examinar a validade do acordo de transação para se certificar de que este cumpre os requisitos de um contrato e de que o próprio processo de ADR foi válido. Por exemplo, o tribunal só pode anular os acordos de transação em que faltem elementos vitais dos contratos, como a aceitação do acordo por qualquer uma das partes ou uma determinação clara do montante acordado. Além disso, os tribunais podem rejeitar a execução dos acordos de transação em caso de má conduta do árbitro ou de questões que ponham em causa a imparcialidade do árbitro.[73]

Com exceção das situações acima mencionadas, é aconselhável que todos os acordos de transação sejam confirmados pelos tribunais. O facto de se saber que o tribunal desempenhará um papel importante na aplicação dos acordos de transação encorajará as partes a recorrerem aos ADR tanto como aos processos judiciais.

Além disso, na mediação judicial, é importante que o tribunal que ordenou o encaminhamento para os ADR mantenha a competência para executar um acordo resultante do processo de ADR. Isto significa que as partes não precisam de iniciar uma nova ação judicial em caso de incumprimento do acordo de mediação.[74] O facto de o tribunal que ordenou o encaminhamento para os ADR e o juiz que conduziu o processo se dedicarem à execução dos acordos de transação valida o processo de ADR. As partes podem não estar dispostas a chegar a um acordo se souberem que o juiz de instrução não tem competência para executar o acordo de transação.[75]

De facto, o Supremo Tribunal dos Estados Unidos decidiu, em *Kokkonen v. Guardian Life Insurance Co. of America,*[76] que um tribunal distrital deve manter a jurisdição para executar um acordo de compensação depois de um processo ter sido arquivado em três circunstâncias: quando o cumprimento do acordo de compensação é um termo da ordem de arquivamento; quando a ordem de arquivamento prevê explicitamente que o tribunal mantenha a jurisdição sobre o acordo de compensação; ou quando os termos do acordo de compensação estão incluídos na ordem de

---

[73] *Ver* Grenig Vol. 1, *supra* nota 1, em 130-31.

[74] *Ver Hon.* Morton Denlow (aposentado), Making Full Use of the Court: Come to Settle First, Litigate Second, 35 Litigation No. 1, at 4 (outono de 2008).

[75] *Ver Hon.* Morton Denlow (ret.), Federal Jurisdiction in the Enforcement of Settlement Agreements: *Kokkonen* Revisited, 2003 Fed. Cts. L. Rev. 2, em 10 (março de 2003).

[76] 511 U.S. 375 (1994).

arquivamento.[77]

Por último, como é prática nalguns tribunais dos Estados Unidos, as partes podem desejar incorporar o acordo de transação sob a forma de uma sentença de consentimento. Isto torna mais clara a manutenção da jurisdição do tribunal sobre o acordo de transação, facilitando assim a sua execução.[78]

4. Divulgar a nova lei de mediação do Egipto

Um novo projeto de lei que rege a mediação em matéria comercial e civil no Egipto está a ser analisado pelo Parlamento. O projeto de lei abrange tanto a mediação privada como a judicial em litígios comerciais e civis. Estabelece as regras que regem cada tipo de mediação e as condições necessárias para integrar a lista de mediadores do departamento de mediação do Ministério da Justiça.

Em particular, o projeto de lei sobre a mediação sublinha a importância da confidencialidade dos procedimentos de mediação. Proíbe qualquer parte que participe nos procedimentos de mediação de apresentar provas ou declarações orais em tribunal, arbitragem ou qualquer outro processo semelhante. Caso contrário, o tribunal ou o órgão jurisdicional que está a tratar do litígio deve ignorar essas provas ou declarações orais.

O projeto de lei exige a assinatura de um acordo de mediação entre as partes, antes ou depois do início do litígio. No caso da mediação judicial, o projeto de lei estabelece um prazo de três meses para a conclusão do processo de mediação, sob pena de este ser encerrado. No final do processo, se as partes chegarem a acordo, ou se alguém decidir desistir do processo ou recusar o acordo, o mediador elabora um relatório para o efeito, devendo as partes submetê-lo ao serviço de mediação para autenticação. Em seguida, o relatório autenticado é apresentado, por qualquer das partes, ao tribunal competente para dar início ao processo contencioso, caso não tenha sido alcançada uma transação; ou anexado à ata do tribunal e declarado decisão executória.

Nesta fase, é importante que o público seja sensibilizado para o projeto de lei e para a sua aplicação. O governo deve tomar medidas para realçar a importância do projeto de lei sobre a mediação na

---

[77] *Id.* em 381-82.
[78] Denlow, *Kokkonen Revisited, supra* nota 75, em 11.

sociedade. Isto pode ser feito, por exemplo, através da realização de sessões de debate para informar o público sobre os benefícios do projeto de lei para ultrapassar os inconvenientes do litígio. A cobertura mediática do projeto de lei permitirá informar melhor o público. Mais uma vez, o Departamento de Comunicação Social do Ministério da Justiça tem um papel importante a desempenhar para chamar a atenção do público para o projeto de lei.

D. Que programas de ADR baseados em tribunais nos Estados Unidos funcionariam no Egipto?

Como já foi referido, existem muitos programas de ADR no sistema judicial federal dos EUA. No entanto, o que funciona para o sistema americano não é necessariamente adequado para o Egipto, dada a natureza diferente de cada sistema judicial.

O Egipto é uma jurisdição de direito civil que se baseia no direito codificado. Os Estados Unidos são um sistema de direito consuetudinário, segundo o qual as decisões dos tribunais criam o que se designa por "precedentes judiciais", que desempenham um papel importante na adjudicação de casos futuros. Os Estados Unidos dispõem de vários programas de ADR que são regidos pelas regras de cada tribunal. Os juízes têm poder discricionário para selecionar o programa de ADR mais adequado para cada litígio.

O sistema jurídico egípcio, regido pela lei escrita tal como é interpretada nas decisões do Tribunal de Cassação e pelos académicos, deixa pouca margem para os juízes terem teorias jurídicas individuais. Com base neste pressuposto, é importante descobrir qual dos programas de ADR dos EUA funcionaria melhor no sistema jurídico egípcio. Ao fazer esta determinação, é preciso ter em conta a atual relutância das partes no Egipto em recorrerem aos ADR, tal como indicado acima. A seleção deve ser feita a partir dos programas de ADR mais populares e mais fáceis de utilizar disponíveis nos Estados Unidos, que possam motivar as partes no Egipto a alterar a sua preferência de longa data pelo litígio.

Para evitar confusão ou abuso do sistema nesta fase de transição no Egipto, os ADR baseados nos tribunais devem ser limitados, na minha opinião, a um máximo de três dos programas dos tribunais distritais federais dos EUA. Além disso, estes programas devem ser concebidos de forma a serem utilizados de forma substantiva pelas partes e não apenas como uma espécie de pro forma, como os procedimentos atualmente disponíveis nos tribunais económicos egípcios, tal como explicado acima.

Como ponto de partida, a conceção e o funcionamento de programas eficazes de ADR nos tribunais egípcios requerem o cumprimento de algumas directrizes. No entanto, é importante identificar primeiro as necessidades e os objectivos do sistema judicial egípcio para a implementação dos ADR. Em seguida, utilizando estas orientações e as necessidades e objectivos identificados, serão sugeridos alguns programas de ADR de qualidade, baseados nos tribunais, para aplicação no Egipto. Neste sentido, serão apresentados três programas disponíveis nos tribunais distritais federais dos EUA. Além disso, será feita uma proposta de determinação do tipo de casos adequados a cada programa.

1. Directrizes para a oferta de programas de resolução alternativa de litígios em tribunal

Existem algumas directrizes úteis para a conceção e o funcionamento de programas de ADR eficazes e baseados nos tribunais. Estas podem ser resumidas da seguinte forma.[79]

Em primeiro lugar, deverá ser feita uma avaliação das necessidades e dos objectivos do sistema judicial em questão. Esta avaliação pode ser efectuada quer através de estatísticas judiciárias, quer através da análise da gestão dos processos e das formas de ADR disponíveis no sistema judiciário, quer ainda através de inquéritos pessoais junto dos juízes, das partes, dos funcionários judiciais e dos advogados.

Em segundo lugar, deve ser feita uma seleção dos métodos de ADR mais adequados para atingir os objectivos identificados. Para esta seleção, podem ser consultados juízes, bem como peritos em programas de ADR (locais ou estrangeiros) que podem ser designados para o efeito.

Em terceiro lugar, devem ser definidas as principais questões políticas e administrativas. Estas incluem quem conduzirá os programas (juízes ou árbitros externos) e as questões relacionadas com os conflitos de interesses; a melhor forma (obrigatória ou

---

[79] *Ver* Judge's Deskbook on Court ADR, *supra* nota 55, em 40.

voluntária) e o momento de encaminhar para os ADR; se haverá casos excluídos do encaminhamento para os ADR; quem gerirá e monitorizará os programas; e quem pagará os honorários dos prestadores de ADR. Também deve ser definido se o tribunal pode ou não encaminhar as partes para programas privados de ADR, se necessário. Além disso, é importante determinar as normas de confidencialidade.

Em quarto lugar, os juízes ou os árbitros que executarão os programas devem receber formação adequada sobre a utilização dos programas sugeridos e os mecanismos para atingir os objectivos visados. Da mesma forma, os utilizadores e participantes devem estar conscientes desses objectivos. Esta questão requer a determinação da entidade formadora, do nível de formação necessário e da sua duração. Além disso, é importante determinar como a formação será conduzida e a necessidade de prática por parte dos fornecedores do programa.

Por último, é importante efetuar uma avaliação dos programas para analisar os resultados. Esta pode ser uma avaliação contínua ou efectuada numa base regular, de acordo com um calendário proposto. A este respeito, é importante determinar como o processo de avaliação será conduzido e se os seus resultados serão tornados públicos.

Por outras palavras, estas directrizes podem ser resumidas sob a forma de questões que devem ser abordadas pelos planeadores do programa ao conceberem programas eficazes de ADR baseados no tribunal no Egipto. Estas questões serão respondidas na próxima secção. Aqui está uma lista de verificação útil que pode ser usada como uma ferramenta durante o processo de planeamento.

☐ Porque é que os ADR são necessários no sistema?

☐ Quais são os objectivos da utilização dos programas de ADR em tribunal?

☐ Que formas de ADR podem atingir estes objectivos?

☐ Existem casos específicos para os quais estes programas de ADR são necessários? (Por exemplo, casos que: sobrecarregam os processos judiciais; consomem desproporcionadamente recursos judiciais; por natureza, exigem um melhor tratamento através dos ADR? Ou será uma combinação destes casos?)

☐ Os ADR, por si só, são suficientes para ultrapassar estes problemas e satisfazer estas necessidades, ou são necessários outros procedimentos? Quais são esses procedimentos?

☐ Quais são os casos que, se for caso disso, serão excluídos dos ADR?

☐ Quando e como se deve recorrer aos ADR?

☐ Quem conduzirá os programas? E quanto a potenciais conflitos de interesses?

☐ Como serão formados os prestadores de serviços de ADR? Quem é que vai dar essa formação?

☐ Os honorários serão incluídos? Quem pagará os honorários dos prestadores de serviços de ADR?

☐ Em que medida é que o processo de ADR é confidencial?

☐ Quem vai gerir e acompanhar o processo de ADR?

☐ Como serão avaliados os programas de ADR?

2. Avaliação dos problemas e das necessidades em matéria de litígios no sistema judicial do Egipto e definição de objectivos para uma utilização eficaz dos ADR

Para conceber um modelo de ADR eficaz para o sistema judicial egípcio, é necessário ter em conta os problemas do sistema judicial e identificar as suas necessidades. Estas podem ser descritas da seguinte forma.

• Os elevados custos dos litígios e a complexidade dos procedimentos judiciais.

• O número de processos do Tribunal, o que leva ao dispêndio de muitos recursos judiciais e a uma má gestão dos processos.

• A demora dos processos judiciais e a lentidão do processo de decisão.

• A falta de envolvimento das partes no processo de tomada de decisão e a experiência limitada dos juízes em processos que envolvem questões técnicas resultam em decisões que não correspondem às expectativas das partes.

• A necessidade de reduzir os abusos das partes em relação ao direito a um julgamento.

• A necessidade de proporcionar aos litigantes algumas alternativas de resolução de litígios através dos tribunais que preservem a privacidade, facilitem a comunicação e criem um melhor clima pré-julgamento entre as partes em litígio.

• A necessidade de aumentar a satisfação do público com o sistema judicial.

• A necessidade de obter resultados através do consenso das partes e uma melhor possibilidade de aplicação.

Uma vez identificados os problemas e as necessidades do sistema judicial egípcio, os objectivos da aplicação de programas de ADR no sistema deverão ser os que respondam a essas necessidades e que tratem dos problemas mencionados.

Por exemplo, o principal objetivo da aplicação de programas de ADR no Egipto seria *limitar o número de casos apresentados aos tribunais para melhorar a gestão dos processos e preservar os recursos judiciais.* Desviar certos casos da sua via normal para o litígio, remetendo-os para os ADR, representará uma menor sobrecarga para os juízes e permitir-lhes-á dedicar o seu tempo a outros casos. Além disso, mesmo que os programas de ADR não resultem em acordos, os programas podem contribuir para uma avaliação precoce dos processos e para a redução das questões em litígio. Deste modo, os programas contribuirão para melhorar a gestão dos processos e para preservar os recursos judiciais.

O segundo objetivo consistiria em *poupar tempo e dinheiro aos litigantes no âmbito de um processo judicial.* Uma vez que os ADR são mais flexíveis do que os processos contenciosos, poderiam acelerar o processo de resolução dos litígios, tal como desejado pelos litigantes. Além disso, os ADR são muito menos onerosos para as partes do que os processos judiciais.

Um terceiro objetivo consiste em *melhorar a comunicação entre as partes a fim de criar um melhor clima pré-julgamento entre elas para facilitar a resolução do litígio.* A melhor forma de o fazer é encorajar as partes a participarem em vários tipos de ADR que as ajudem a ultrapassar os obstáculos à comunicação, preservando a confidencialidade do seu litígio e mantendo as suas relações actuais. Isto é importante para criar uma plataforma de negociação e de compreensão mútua entre as partes, o que também pode ser útil se o caso for levado a julgamento.

O facto de encaminhar para os ADR as queixas "prima-facie" não merecidas pode contribuir para *reduzir o número de processos levados a tribunal por uma parte que abuse do direito a um julgamento.*

Os programas de ADR são igualmente necessários *para produzir resoluções mais satisfatórias para as partes.* Para o efeito, é necessário incentivar as partes a participarem efetivamente no processo de ADR, a fim de chegarem aos seus próprios acordos. Além disso, o facto de se encaminharem os casos com questões técnicas para programas de ADR em que os peritos relevantes actuam como neutros pode ajudar a alcançar um melhor resultado.

Por último, os ADR podem ser aplicados *para ajudar a ultrapassar o problema da executoriedade das decisões judiciais no Egipto através de resoluções obtidas por consenso.* Não há dúvida de que o carácter executório das resoluções por mútuo acordo obtidas através dos ADR é muito mais fácil do que as decisões judiciais contraditórias.

Estes são alguns dos objectivos propostos para a introdução e aplicação de programas de ADR no sistema egípcio. No entanto, poderão existir outros objectivos, determinados pelos planeadores dos programas no momento da seleção dos programas. Em todo o caso, agora que identificámos claramente as necessidades e os objectivos da implementação dos ADR no Egipto, a seleção do programa mais adequado é uma questão de tempo.

Os programas ADR para responder a essas necessidades e atingir esses objectivos serão mais fáceis.

3. Seleção de programas adequados de resolução alternativa de litígios para o Egipto

Com base nas orientações acima mencionadas e nas necessidades e objectivos identificados, sugerem-se três formas de ADR para aplicação no Egipto: mediação, avaliação neutra precoce e minitribunais. Segue-se uma breve análise de cada programa, com especial destaque para a mediação como principal forma de ADR.

a. Mediação

Como indicado acima, a mediação é a forma mais popular de ADR, não só nos Estados Unidos, mas também a nível mundial. Historicamente, a mediação tem sido uma forma tradicional de resolução de litígios em muitas sociedades. Concretamente, não é uma novidade para a comunidade egípcia. O conceito de "mediação tradicional", como forma institucionalizada de controlo social e de resolução de litígios, era praticado no antigo Egipto desde 3000 anos a.C.[80]

Devido à sua flexibilidade e aos baixos custos para os litigantes e para o tribunal, a mediação é considerada a principal fonte de resolução de litígios no âmbito dos ADR.[81] No entanto, é necessário saber por que razão a mediação é particularmente adequada para o Egipto e que tipos de casos são mais bem encaminhados para esta forma de ADR. Também é necessário saber quem será o mediador e quem pagará os respetivos honorários.

Porque é que a mediação é adequada para o Egipto. O sistema judicial egípcio beneficiaria com a oferta de mediação por várias razões.

Em primeiro lugar, a dependência do litígio para a resolução de disputas no Egipto sobrecarregou o sistema judicial e resultou em carteiras de tribunal sobrecarregadas. Surge então a solução perfeita para este problema: a mediação. O recurso a mais ADR, e especificamente à mediação, pode limitar o número de processos civis apresentados aos juízes no Egipto. Este pressuposto baseia-se no facto de a mediação ser adequada a quase todos os tipos de processos civis, incluindo casos de responsabilidade civil, contratuais, empresariais, laborais e familiares. Por exemplo, a mediação pode ser eficaz em casos de responsabilidade civil, danos pessoais e contratos em que é contestada uma indemnização pecuniária. A mediação destes litígios através de um terceiro neutro pode ajudar as partes a chegarem a acordo sobre o montante em causa antes de chegarem à fase de litígio. Além disso, uma vez que a mediação é eficaz em casos em que as emoções estão à flor da pele ou em que as partes têm interesse em preservar uma relação

---

[80] *Ver* Christian Buhring-Uhle, Lars Kirchhoff & Gabriele Sherer, Arbitration and Mediation in International Business at 177 (2d ed. Kluwer Law International 2006).
[81] *Ver* Judge's Deskbook on Court ADR, *supra* nota 55, em 3.

existente, pode funcionar bem em casos empresariais, laborais e familiares. Além disso, nos Estados Unidos, a mediação tem sido eficaz em muitos outros tipos de casos em que não existe uma relação contínua entre as partes. Estes incluem transacções de consumo, financeiras e imobiliárias, construção, tecnologia, patentes e marcas registadas, antitrust e difamação.[82] A este respeito, uma das principais vantagens do recurso à mediação neste tipo de casos é a preservação da privacidade. Uma vez que a maioria destes casos envolve questões confidenciais entre as partes, o recurso à mediação seria eficaz.[83]

Em segundo lugar, a mediação pode poupar o tempo e o dinheiro consumidos em litígios nos tribunais egípcios devido à sua flexibilidade e ao baixo custo para os litigantes e para o tribunal. Como já foi referido, a mediação pode ser reformulada para se adaptar ao litígio em causa e as partes podem pôr termo ao processo sempre que o desejarem. Além disso, o processo de mediação é informal e pode ser conduzido por juízes ou advogados formados, aprovados e registados pelo tribunal. A este respeito, é possível chegar a acordos após um pequeno número de sessões privadas ou conjuntas com as partes, evitando litígios prolongados. Além disso, os custos da mediação são mínimos em comparação com os custos de um processo judicial.

Em terceiro lugar, uma vez que a mediação ajuda cada uma das partes a compreender melhor a sua posição e a avaliar a sua necessidade de acordo em relação ao risco de não acordo, é suposto ser eficaz no Egipto. Como já foi referido, a tendência no Egipto tem sido a de alguns litigantes utilizarem excessivamente ou, por vezes, abusarem do direito ao litígio, mesmo que o caso tenha pouco ou nenhum mérito. A principal razão para este comportamento imprudente pode ser o facto de a parte querer saber que fez a sua parte ao apresentar a queixa ao juiz como um terceiro neutro. A este respeito, o recurso à mediação não vinculativa pode ser uma boa alternativa para os litigantes satisfazerem as suas necessidades sem terem de passar pelo longo processo de litígio e sem correrem o risco de perderem totalmente a causa.

Em quarto lugar, uma vez que a mediação resulta em soluções

---

[82] *Id.* em 6.
[83] *Ver* Grenig Vol. 1, nota 1 *supra*, p. 564.

criativas que não são necessariamente alcançadas em decisões judiciais, pode melhorar a qualidade da resolução de litígios no país e promover o sistema judicial. Como já foi explicado, a mediação ajuda as partes a trabalharem em conjunto para encontrarem soluções mutuamente benéficas para os seus litígios. Assim, a mediação judicial pode melhorar a imagem do sistema judiciário aos olhos do público e fazê-lo sentir que os juízes estão a cumprir o seu dever de promover a justiça e ajudar as partes a chegar a acordos eficazes.

Por último, a mediação ajuda a ultrapassar o problema da executoriedade das decisões judiciais no Egipto. Uma vez que os acordos alcançados na mediação são gerados pelas próprias partes, os problemas de aplicabilidade dos acordos de transação são relativamente raros. Dada a natureza não vinculativa do processo, as partes que prosseguem com a mediação e concordam em assinar um acordo de transação estarão provavelmente dispostas a aceitar a execução desse acordo.

Como e com que base devem os casos ser encaminhados para a mediação judicial no Egipto? Tal como referido na primeira secção, existem basicamente duas formas de recurso aos ADR. A primeira é através de uma regra obrigatória ou de uma ordem do tribunal, e a outra é através de uma ação voluntária de qualquer das partes. Ambos os métodos são utilizados nos Estados Unidos para encaminhar os processos para os ADR. Embora concorde plenamente com a utilização de ambos os métodos de encaminhamento no Egipto, penso que antes de se poder determinar qual o método mais adequado para encaminhar diferentes casos para a mediação, é necessário determinar os critérios de encaminhamento.

No entanto, decorre do que precede que a determinação da base para recorrer à mediação, ou aos ADR em geral, em certos casos, está relacionada com a natureza do caso em questão e com a possibilidade de resolução. Por exemplo, nos tipos de casos mencionados anteriormente, em que existem emoções ou relações contínuas entre as partes, existe uma base sólida para recorrer à mediação. Do mesmo modo, os casos que, à primeira vista, parecem ter uma elevada probabilidade de resolução podem ser objeto de um encaminhamento para a mediação.

Além disso, pode haver outros casos que não parecem ter, à partida, características tão favoráveis à mediação, mas o juiz sugere a mediação ou as partes solicitam o seu encaminhamento. O recurso à mediação nestes casos deve ser igualmente considerado. Por último, a própria lei pode prever que certos casos sejam excluídos do recurso à mediação. Vamos analisar cada uma destas situações para compreender a ideia subjacente ao recurso à mediação.

Casos elegíveis para encaminhamento para mediação judicial por lei. A lei deve remeter automaticamente para a mediação os casos que tenham sido classificados pela prática como tendo uma elevada probabilidade de acordo ou uma relação contínua entre as partes. Por exemplo, é altamente recomendável que os casos de consumo e os litígios relativos a direitos de propriedade intelectual (casos de patentes, marcas registadas e direitos de autor) sejam submetidos por lei à mediação antes de serem levados a julgamento. A prática dos tribunais económicos no Egipto tem demonstrado que a maioria destes casos termina normalmente de forma amigável nos tribunais. Além disso, as partes nestes processos podem ter uma relação contratual contínua que desejem preservar.

Do mesmo modo, os processos laborais e familiares podem ser melhor encaminhados para a mediação por lei antes de serem remetidos para os tribunais, devido às relações existentes ou aos laços afectivos entre as partes. Por conseguinte, seria mais conveniente que a lei remetesse todos os casos acima referidos automaticamente para a mediação, sem obter o consentimento das partes, antes de serem levados a julgamento.

Além disso, alguns casos de contratos, empresas, construção e valores mobiliários são normalmente resolvidos em tribunais civis. Estes casos podem envolver relações comerciais contínuas entre as partes, que talvez seja melhor não prejudicar com um litígio. Encaminhar essas partes para a mediação por lei como passo inicial também pode ser uma medida sensata. No entanto, nos processos relativos a valores mobiliários, os acordos devem ser celebrados também com a Autoridade de Supervisão Financeira do Egipto, se o processo envolver algum dos crimes contra o mercado de capitais previstos na Lei do Mercado de Capitais.

Casos a encaminhar para a mediação judicial pelo juiz. Em segundo lugar, em todos os outros casos para além dos acima referidos, sugere-se que o encaminhamento para a mediação seja deixado ao critério do juiz de direito. Tal como referido, a mediação é adequada para a maioria dos processos civis. Um juiz com uma boa formação em técnicas de mediação pode identificar os casos que merecem um esforço de mediação antes de irem a julgamento devido à existência de uma elevada probabilidade de acordo. Com base nessa experiência, o juiz pode sugerir o encaminhamento dos casos seleccionados para a mediação judicial como passo inicial, após discussão com as partes. Exemplos destes casos que podem ser sujeitos à avaliação do juiz quanto à elegibilidade para a mediação são os casos de danos pessoais e de responsabilidade civil. No entanto, os processos de responsabilidade civil também podem ser sujeitos a um critério de valor, segundo o qual os processos de montante inferior a um determinado valor serão diretamente remetidos por lei para a mediação.

Ao contrário dos casos que são remetidos para a mediação por lei, considero que quando o reenvio é feito pelo juiz, o consentimento das partes é essencial. Como já foi referido, a mediação é concebida para melhor servir os interesses das partes e poupar o tempo e o dinheiro que consomem em litígios. Assim, quando o encaminhamento para a mediação não é exigido por lei, as partes devem ter a liberdade de aprovar ou não a sugestão do juiz sobre o encaminhamento. No entanto, não é necessário obter o consentimento de ambas as partes neste tipo de encaminhamento. O consentimento de qualquer uma das partes é suficiente para dar seguimento à sugestão do juiz.

Os casos devem ser remetidos para a mediação judicial se as partes assim o desejarem. Em terceiro lugar, pode haver casos em que não exista um requisito legal de encaminhamento nem uma sugestão de mediação do juiz; no entanto, é aconselhável encaminhar estes casos para a mediação. Trata-se de casos em que as partes pretendem uma mediação em tribunal. As partes em litígio podem considerar, por qualquer razão, que precisam de tentar um processo de resolução informal, como a mediação judicial, antes de iniciarem o litígio ou numa fase posterior (ou seja, em qualquer altura durante o litígio).

Nestes casos, recomenda-se que o juiz aceda à vontade das partes sem procurar critérios de referência específicos. Contudo, seria mais conveniente obter o consentimento mútuo das partes para que o juiz autorize essa mediação judicial selecionada pelas partes. Este consentimento mútuo forneceria uma base sólida para a autoridade do juiz para ordenar o encaminhamento da mediação.

Casos que podem ser excluídos do encaminhamento para a mediação judicial. Finalmente, a lei local pode isentar certos casos de serem remetidos para a mediação, como é feito nos Estados Unidos para os casos pro se, de falência e de prisioneiros. Em geral, penso que a exclusão de alguns casos da mediação judicial é aceitável desde que a exclusão possa ser justificada. No entanto, quaisquer que sejam os critérios de exclusão, tais exclusões devem ser limitadas a fim de incentivar uma maior utilização dos ADR no sistema egípcio.

Os três critérios para encaminhar casos para a mediação podem ser utilizados eficazmente para selecionar certos casos elegíveis para encaminhamento para a mediação no Egipto, bem como para determinar a forma adequada de encaminhamento em cada caso. É de salientar que estes critérios e os métodos de encaminhamento sugeridos também podem ser utilizados com os outros dois programas de ADR propostos que serão brevemente mencionados mais adiante.

Quem deve conduzir o processo de mediação judicial no Egipto? A mediação em tribunal no Egipto pode ser conduzida tanto por juízes com formação como por advogados experientes, aprovados e inscritos na lista de advogados do tribunal. Presume-se que os juízes têm a experiência, o poder de persuasão e a autoridade para chegar a um acordo entre as partes.[84] Os advogados, enquanto profissionais experientes, também podem ajudar no processo de mediação. No entanto, há uma série de factores a ter em conta quando se adopta a mediação judicial por uma das duas categorias seguintes.

Os juízes como mediadores. Em geral, os juízes são muito apreciados pelas partes, o que pode ser útil para o sucesso da mediação em tribunal. No entanto, é importante que os juízes que actuam como mediadores recebam formação adequada como mediadores, porque o papel principal do juiz é ajudar as partes a

---

[84] *Ver* Denlow, nota 2 *supra*, p. 3.

chegar a uma solução amigável e não julgar o caso. Os juízes que actuam como mediadores devem lembrar-se de alterar a sua posição, passando da posição de juiz de comando para a de mediador.

A formação de juízes para servirem como mediadores pode ser oferecida de diferentes formas. Por exemplo, o Centro Nacional de Estudos Judiciários (NCJS) pode ministrar cursos de formação especiais para educar e formar os juízes sobre o papel de um mediador e como este difere do papel do juiz. De facto, o NCJS iniciou recentemente um currículo para educar e formar juízes sobre estratégias de mediação. Pode ser útil contratar peritos estrangeiros no domínio da mediação para ministrarem sessões práticas de mediação aos juízes.

A formação pode dar mais um passo prático através da aplicação de um projeto-piloto de mediação em alguns tribunais. Este passo inicial pode ajudar os juízes a habituarem-se à prática da mediação e permitir-lhes observar os resultados. Este projeto pode ser aplicado, por exemplo, em alguns dos tribunais económicos que já fazem parte da prática atual de resolução alternativa de litígios no Egipto.

Em segundo lugar, para atribuir a tarefa de mediação judicial aos juízes, devem existir recursos judiciais adequados para levar a cabo o processo. Por exemplo, deve haver um número suficiente de juízes em cada tribunal que possam servir como mediadores. Idealmente, os juízes que participam no processo de mediação devem ser diferentes daqueles que inicialmente analisam os casos mediados. Isto é essencial para evitar o envolvimento dos juízes de julgamento no processo de resolução de litígios; caso contrário, poderão formar determinadas opiniões em relação às partes que poderão afetar as suas decisões se esses casos forem a julgamento. Evitar o envolvimento dos juízes de julgamento tem sido a prática na maioria dos tribunais distritais federais dos EUA. Nos tribunais distritais dos EUA que autorizam a utilização de juízes como neutros na mediação em tribunal, o processo é regularmente atribuído a juízes magistrados e não a juízes de julgamento.[85] Além disso, tal como acima indicado, alguns tribunais autorizam a utilização de funcionários do tribunal como árbitros.

---

[85] Denlow, nota 2 *supra*, p. 4.

Os recursos judiciais não se limitam aos juízes; deve haver também administradores ou funcionários judiciais suficientes para gerir o programa de mediação em tribunal e para receber os pedidos iniciais de mediação das partes. Além disso, podem ajudar a selecionar os casos que são elegíveis para mediação, tal como exigido por lei.

No entanto, para além das funções logísticas e administrativas, não recomendo que os administradores ou funcionários dos tribunais assumam quaisquer outras tarefas relacionadas com o trabalho de mediação propriamente dito. A este respeito, não sou favorável à ideia de permitir que os funcionários dos tribunais desempenhem a função de mediadores, exceto se forem advogados formados, como acontece nos Estados Unidos. Caso contrário, tal pode conduzir a algumas práticas indesejáveis por parte dos funcionários designados para gerir o processo de mediação enquanto mediadores. Por exemplo, os administradores do tribunal ou os funcionários que não são advogados com formação podem ter preconceitos em relação a qualquer uma das partes na gestão do processo de mediação ou influenciar as opções de resolução de litígios. Além disso, o nível de experiência e de conhecimentos jurídicos desses funcionários e administradores do tribunal pode não ser igual ao dos juízes e advogados.

Embora ainda existam receios quando os juízes ou os advogados estão a tratar do processo, estes não são muito graves. Os juízes e os advogados são profissionais do direito e, em conjunto, constituem o núcleo da profissão jurídica na sociedade. Assim, os juízes e os advogados têm plena consciência de que estão a ser observados por todo o sistema e de que tais práticas indesejáveis podem pôr em causa a sua reputação aos olhos da sociedade. Assim, estarão mais dispostos a manter a sua imparcialidade em relação às partes durante o processo de mediação.[86]

Advogados como mediadores. Do mesmo modo, os advogados qualificados com experiência em mediação também podem ser mediadores na mediação em tribunal. No entanto, tal deve ser conseguido através de um sistema de seleção a criar pelo tribunal de acordo com determinados critérios. O tribunal deve manter uma

---

[86] O Exmo. Sr. Timothy J. Sullivan, Juiz Magistrado dos Estados Unidos, Tribunal Distrital de Maryland, salientou a necessidade de imparcialidade dos juízes quando lidam com procedimentos de resolução de litígios entre as partes (reunião, 17 de abril de 2017).

lista dos advogados aceites para servirem como mediadores na sua jurisdição. A este respeito, o fator mais importante a considerar ao designar advogados mediadores para cada caso é assegurar a sua imparcialidade em relação às partes. As questões relativas a conflitos de interesses devem ser igualmente verificadas pelo tribunal antes de efetuar a nomeação.

Taxas de mediação. A mediação judicial no Egipto deve ser oferecida gratuitamente nos tribunais locais, pelo menos nesta fase inicial, se os juízes conduzirem o processo. No entanto, se os advogados participarem no processo como neutros, os honorários podem ser baixos ou razoáveis, consoante a dimensão de cada caso. Os honorários atribuídos podem ser determinados pelo próprio tribunal e podem ser partilhados entre as partes. É possível permitir algum trabalho de mediação pro-bono por parte de advogados interessados em atuar como neutros na mediação em tribunal, como é prática em alguns tribunais nos Estados Unidos.

b. Avaliação neutra precoce

Tal como já foi referido, a avaliação neutra precoce é um dos programas de ADR em tribunal disponíveis no sistema federal dos EUA. A principal caraterística deste programa é o papel desempenhado pelo avaliador na tentativa de avaliar a posição das partes e simplificar os méritos do litígio em preparação para um julgamento. Sendo o principal responsável por esse papel, o avaliador não se concentra essencialmente na obtenção de um acordo. No entanto, é possível que, no final do processo de avaliação, as partes cheguem a um acordo.[87]

Na minha opinião, a principal vantagem da avaliação neutra precoce é o facto de se tratar de um processo de avaliação e não de um processo de resolução de litígios, como a mediação. De facto, seria muito mais fácil levar as partes à mesa de um avaliador para que este se limite a avaliar as suas posições do que participar em sessões de mediação.

Outra vantagem da avaliação neutra precoce é o facto de ser considerada um mecanismo de ADR perfeito para todas as partes em litígio. Como já foi referido, alguns dos factores que limitam a utilização dos ADR (nomeadamente a mediação) em certos casos

---

[87] *Ver* Grenig Vol. 1, nota 1 *supra*, p. 50.

são o desequilíbrio dos poderes de negociação das partes, a desconfiança entre as partes e o receio de parecer fraco aos olhos da outra parte. No entanto, na avaliação neutra precoce, estes factores não existem, na sua maioria. Nesse processo, as partes apenas analisam as suas situações e trocam informações importantes sobre o caso, sem necessariamente negociar um acordo. Assim, o efeito do poder de negociação de cada parte seria insignificante.

Uma terceira vantagem da avaliação neutra precoce é o facto de ajudar a preparar o processo para o julgamento e a fazer uma avaliação precoce do seu valor. Por conseguinte, é considerado um processo útil tanto para o juiz de instrução como para as partes, mesmo que não dê origem a uma transação.

Dadas estas vantagens, a avaliação neutra precoce pode ser um programa ADR adequado no Egipto para atingir alguns dos objectivos da utilização dos ADR no sistema judicial egípcio. Em primeiro lugar, ajudar as partes a avaliarem as suas posições no início do processo de litígio e a prepararem o caso para julgamento através da avaliação neutra precoce pode melhorar a gestão dos processos e preservar os recursos judiciais. Isto porque a avaliação neutra precoce pode poupar tempo e esforço aos juízes para identificar a posição de cada parte e avaliar o valor do litígio.

Uma avaliação neutra precoce também melhora a comunicação entre as partes. O intercâmbio de informações essenciais sobre o processo ajuda a criar um melhor clima pré-julgamento entre as partes em litígio e, por conseguinte, facilita a resolução do litígio, mesmo que este ocorra em tribunal.

Por último, uma avaliação neutra precoce permite obter um melhor resultado graças à experiência do avaliador na matéria. Esta experiência pode ser útil para a avaliação do caso e, se o caso for levado a julgamento, ajuda o juiz a chegar a um resultado melhor e mais satisfatório para as partes.

Os tipos de casos adequados para uma avaliação neutra precoce são os que exigem conhecimentos especializados na matéria ou que envolvem questões complexas e técnicas. Nestes casos, a necessidade de um avaliador experiente é essencial. Além disso, nos casos em que há desacordos entre as partes sobre questões de facto ou de direito, ou em que os advogados das partes são inexperientes, seria útil uma avaliação neutra precoce. Concordo com os comentadores nos Estados Unidos que consideram que a avaliação neutra precoce é adequada para todos os processos civis.[88]

No que diz respeito aos avaliadores, estes podem ser advogados ou peritos externos com experiência no domínio do litígio. A seleção pode ser feita pelos administradores do tribunal de acordo com um sistema de seleção a adotar pelo tribunal e sujeito à sua supervisão. As questões mais importantes a considerar na seleção são a garantia de que o avaliador tem experiência na matéria do litígio e que não existem conflitos de interesses que impeçam a seleção.[89] Também é possível que os juízes possam servir como avaliadores, como acontece nos Departamentos de Preparação dos Tribunais Económicos.

Os juízes destes serviços desempenham um papel semelhante ao desempenhado pelos avaliadores na avaliação neutra precoce.

No que diz respeito aos honorários dos avaliadores, a sugestão é que a avaliação neutra precoce seja oferecida às partes a baixo custo ou sem custos, como acontece na maior parte dos tribunais distritais federais dos EUA.[90] A ideia subjacente a esta proposta reside na necessidade de incentivar a utilização dos ADR no sistema egípcio. Para tal, é necessário que um ou mais programas de ADR estejam à disposição das partes a baixo custo ou gratuitamente. No entanto, nos casos que exijam a nomeação de um perito avaliador, poderão ser necessários honorários mais elevados, consoante o nível de especialização exigido em cada caso.

c. Minitrial

O Minitrial é o terceiro programa de ADR sugerido para utilização no Egipto. Trata-se de uma espécie de mecanismo estruturado de resolução de litígios em que os quadros superiores das partes em litígio se reúnem na presença de um terceiro neutro para negociar um acordo. A utilização do minitrial é muito comum em questões

---

[88] *Ver* Judge's Deskbook on Court ADR, *supra* nota 55, em 15.
[89] *Id.* em 14.
[90] *Ver* ADR Sourcebook, *supra* nota 21, em 64.

empresariais.[91]

A principal caraterística do minitrial é o facto de ser um programa de ADR flexível e informal, utilizado para litígios de grande dimensão.[92] Nesse sentido, é semelhante à mediação. O que diferencia o minitrial é a presença de quadros superiores como litigantes.

Tal como a mediação e a avaliação neutra precoce, o minitribunal seria adequado em todos os tribunais egípcios. A maior parte dos processos que podem ser remetidos para a mediação também podem ser remetidos para o minitribunal, dependendo da necessidade, em cada caso, de envolver uma direção de alto nível no processo de resolução. Por exemplo, os casos que envolvem litígios entre grandes empresas ou empresas multinacionais podem exigir a participação de quadros superiores ou de gestores de alto nível das partes como decisores para negociar uma solução para algumas questões comerciais críticas. Nestes casos, recomenda-se a realização de um mini-julgamento. No entanto, noutros casos que envolvam litígios individuais, será suficiente a utilização das outras duas formas de ADR sugeridas.

O processo de mini-julgamento pode ser presidido por um terceiro neutro, nomeadamente um juiz ou uma parte não judicial, cujo papel consiste apenas em facilitar as negociações entre as partes, se tal for solicitado.[93] Os honorários do terceiro neutro, se for uma parte não judicial, podem ser partilhados entre as partes. Tal como no caso da mediação, recomenda-se no minitrial que os honorários do neutral sejam razoáveis para incentivar o recurso a esta forma de ADR pelas partes.

4. Critérios de seleção

Seguem-se alguns critérios úteis que podem ajudar a selecionar entre as três formas de ADR acima referidas, bem como a opção de litígio tradicional, para implementação no Egipto. Estes critérios baseiam-se no pressuposto de que nenhuma forma de resolução de litígios é adequada para todos os casos.[94]

Em primeiro lugar, o tribunal ou o responsável pelo planeamento do

---

[91] *Ver* Grenig Vol. 1, nota 1 *supra, p.* 49.
[92] *Ver* Judge's Deskbook on Court ADR, *supra* nota 55, em 25.
[93] *Id.*
[94] *Id.* cm 56.

programa deverá identificar as necessidades das partes em cada caso, a fim de determinar se a melhor forma de as satisfazer é através de um processo judicial ou de uma forma específica de ADR. Por outras palavras, é necessário determinar se as partes pretendem chegar a um acordo ou se é necessário tomar mais medidas.

Por exemplo, se as partes têm uma relação contínua que precisa de ser preservada, como já foi referido, o objetivo final das partes seria chegar a um acordo e o recurso à mediação seria adequado. No entanto, se o queixoso necessitar de uma decisão judicial para estabelecer uma posição jurídica e evitar futuras condutas incorrectas, recomenda-se o recurso a um processo judicial. Os litígios e as infracções em matéria de propriedade intelectual são bons exemplos destes últimos casos. Nestes casos, existem normalmente interesses contraditórios entre as partes no que se refere à propriedade ou aos direitos de utilização do objeto da propriedade intelectual em questão. Neste caso, a principal preocupação do queixoso seria evitar futuras infracções e estabelecer direitos de propriedade, o que seria melhor conseguido através de uma decisão judicial.

Em segundo lugar, seria importante determinar os obstáculos à resolução do litígio, se esta for o objetivo das partes. Os obstáculos podem ser causados por uma comunicação deficiente entre as partes, por desacordos sobre questões de facto ou técnicas ou por desacordos sobre o resultado. Para cada um destes obstáculos, é recomendada uma forma diferente de ADR. Por exemplo, a mediação é útil para melhorar a comunicação entre as partes, bem como para negociar um resultado mutuamente aceite. Por outro lado, a avaliação neutra precoce é adequada para clarificar questões técnicas e factuais sobre as quais as partes não estão de acordo. Além disso, pode ser utilizada para avaliar o valor do resultado.

Em terceiro lugar, o interesse público é uma questão a ter em conta aquando da decisão sobre a utilização de uma determinada forma de ADR. Nalguns casos, pode ser mais adequado recorrer a um processo judicial por razões de interesse público. Por exemplo, as questões de interpretação constitucional e legal são mais bem resolvidas através de um processo judicial. Além disso, quando é necessário impor uma espécie de dissuasão pública relativamente a uma determinada conduta incorrecta, o litígio é mais adequado.

Por último, é importante ter em conta os recursos judiciais disponíveis, bem como os recursos das partes, para selecionar a forma adequada de resolução de litígios.

Algumas formas de ADR podem consumir recursos judiciais ou ser onerosas para as partes. Outras formas podem ser mais adequadas nalguns casos. A avaliação neutra precoce, por exemplo, pode exigir a nomeação de um terceiro perito neutro no domínio do litígio, o que pode ser dispendioso para algumas partes. Nestes casos, seria mais adequado recorrer a outras formas menos onerosas de ADR, como a mediação ou o minitribunal.

Conclusão

A utilização dos ADR como fórum para a resolução de litígios suscita questões difíceis quanto ao seu valor e impacto, em comparação com os litígios. Os ADR oferecem muitas vantagens às partes, mas apresentam também alguns inconvenientes. Em todo o caso, as vantagens são claramente superiores aos inconvenientes. Por outro lado, embora o litígio possa, por vezes, ser benéfico para as partes, não é definitivamente a melhor escolha na maioria dos casos.

Em qualquer jurisdição, as partes estão mais interessadas em resolver os seus problemas do que no processo judicial ou nos princípios jurídicos que resolvem esses problemas. Por conseguinte, um sistema jurídico que se concentre mais nos princípios e formalidades legais seria uma desilusão para a maioria das partes. A este respeito, uma melhor compreensão do sistema judicial através de uma menor ênfase nos procedimentos legais é o objetivo final dos regimes legais que procuram o desenvolvimento.[95]

Para o efeito, os ADR são considerados por muitos como um método que permite melhorar o sistema judicial e aumentar a satisfação dos cidadãos. Isto pode ser conseguido através da aproximação das partes no processo de ADR e da sua participação direta para facilitar a resolução rápida dos seus litígios. A comunicação direta entre as partes e o seu intercâmbio de informações essenciais sobre o litígio conduziriam a um clima pré-julgamento melhor e mais pacífico. Além disso, os resultados alcançados através deste processo são criativos e resultam do esforço das partes. É evidente que este facto contribuiria positivamente para a exequibilidade, uma vez que as partes estariam mais dispostas a executar um acordo alcançado voluntariamente do que uma decisão proferida por um tribunal.[96]

A título de exemplo de um país onde os ADR são bem sucedidos, os Estados Unidos utilizaram plenamente os ADR no seu sistema jurídico.[97] Em contrapartida, no Egipto, o litígio tem sido a tendência comum, o que dificulta a utilização dos ADR neste sistema. No entanto, a sugestão de utilizar os ADR no sistema egípcio não é completamente nova. Existem já algumas formas de ADR que são

---

[95] *Ver* Denlow, nota 2 *supra*, p. 2.
[96] *Id.* em 3, 6.
[97] *Ver* Provine, Settlement Strategies for Federal District Judges, *supra* nota 15, em 7.

utilizadas tanto no sector privado como no sector público. No entanto, a aplicação de tais formas de ADR tem sido limitada. É por esta razão que a necessidade de desenvolver um modelo de ADR bem sucedido no sistema judicial egípcio é importante.

A prática dos tribunais federais dos Estados Unidos indica que a utilização extensiva de várias formas de ADR no sistema judicial melhorou o sistema judicial e permitiu obter excelentes resultados em matéria de resolução de litígios. A aplicação de uma estratégia semelhante no Egipto teria precedentes. Quaisquer que sejam os meios para levar a cabo esta estratégia, a tónica deverá ser colocada na seleção das formas de ADR mais adequadas para o Egipto.

A este respeito, este livro seleccionou três formas de ADR, de entre as utilizadas nos tribunais distritais dos Estados Unidos, que são consideradas adequadas para aplicação no Egipto. As razões subjacentes a esta seleção baseiam-se nas necessidades identificadas do sistema judicial egípcio e nos objectivos da aplicação dos ADR no sistema. O mais importante é que as formas de ADR seleccionadas oferecem um leque de opções aos juízes e às partes.

Embora a mediação tenha sido amplamente implementada em todo o mundo devido à sua importância como meio de resolução de litígios, o seu potencial sucesso no Egipto é indiscutível. Sendo uma das formas mais comuns e flexíveis de resolução alternativa de litígios, é a que mais coincide com os objectivos identificados para os ADR no Egipto. O sistema egípcio necessita de formas simples de ADR, como ponto de partida, para substituir os complicados processos de litígio. A mediação preenche perfeitamente essa necessidade. Para além do seu baixo custo para os tribunais e para os litigantes, a mediação é adequada para a maior parte dos tipos de processos, o que constitui também uma das suas vantagens.

As outras duas formas recomendadas de ADR são igualmente adequadas para o Egipto. A avaliação neutra precoce é importante para a instrução do processo e a avaliação precoce da posição de cada parte, o que também pode ser útil em caso de litígio. O minitribunal é um mecanismo de resolução de litígios diferente que se assemelha à mediação, mas é recomendado para litígios de maior dimensão que envolvam questões empresariais sensíveis.

Neste sentido, as diferentes características das três formas de ADR acima referidas permitem ao juiz e às partes selecionar a forma adequada para cada caso. Na prática, os tribunais podem utilizar cada uma destas formas de forma diferente. Na maior parte dos casos, recomenda-se que a autorização do recurso aos ADR seja deixada ao critério do juiz, caso a caso, para além da seleção da forma de ADR mais adequada a cada caso. No entanto, a própria lei pode prever a utilização de uma determinada forma de ADR em certos casos. Tratar-se-á provavelmente de casos considerados altamente susceptíveis de serem resolvidos através de ADR. As partes deverão ter a possibilidade de manifestar o seu interesse em recorrer igualmente aos ADR. Nestes casos, recomenda-se que o juiz aceite a escolha das partes.

Por outro lado, o recurso ao contencioso tradicional pode ser adequado nalguns casos, pelo que a sua utilização deverá ser ponderada. Além disso, a lei pode excluir os casos de encaminhamento para os ADR em função de determinados factores, como acontece nos Estados Unidos.

Sublinhar a importância dos ADR junto dos cidadãos e sensibilizá-los para os objectivos que lhes estão subjacentes é o fator-chave do seu sucesso em qualquer sociedade. É de salientar que a familiarização do público com a ideia de utilizar os ADR em vez dos litígios não se faz de um dia para o outro. É necessário algum tempo para permitir uma conversão tão importante. No entanto, a utilização das ideias expostas neste livro para promover a utilização dos ADR pode ser útil para encurtar o tempo de transferência.

Em suma, esta declaração final ilustra na perfeição a ideia subjacente a este livro: "Para que os ADR sejam mais utilizados na nossa sociedade, é necessário adaptar a mentalidade dos litigantes para que escolham o que melhor satisfaz os seus interesses pessoais e não utilizem automaticamente as opções tradicionais que podem não ser eficazes".

yes

I want morebooks!

Buy your books fast and straightforward online - at one of world's fastest growing online book stores! Environmentally sound due to Print-on-Demand technologies.

Buy your books online at
www.morebooks.shop

Compre os seus livros mais rápido e diretamente na internet, em uma das livrarias on-line com o maior crescimento no mundo! Produção que protege o meio ambiente através das tecnologias de impressão sob demanda.

Compre os seus livros on-line em
www.morebooks.shop

Printed by Books on Demand GmbH, Norderstedt / Germany